タロットの光

イシス版マルセイユ・タロット

大アルカナ篇

タロットの光

イシス版マルセイユ・タロット

（大アルカナ篇）

目次

序

日頃、こんなことはありませんか。


あれも欲しい、これも欲しい。でも、どれにするか決められない。

気ばかり焦って、なにも手が付けられない。

やるべき事は分かっているのに実行できない。

やってはいけない事なのに止められない。

突然のことで、頭の中が真っ白になった。


こんな時、あなたは本当の自分を見失っています。一刻も早く、取り戻さなければなりません。どこにいるのでしょう。友達に聞きますか。自分を探しに旅に出ますか。本屋で見つけますか。ウィキペディアで調べてみますか。


本当の自分はあなたの中にいます。

あなたの中、それ以外のどこに本当の自分がいるでしょうか。でも心配はいりません。

あなたの中には、生まれる以前から傍らにいて、あなたをよく知っている老賢人がいます。

隠者

いつどこでも相談に乗ってくれ、問題を深く掘り下げ、解決の糸口を授けてくれます。

どこに行けば会えるでしょう。

マルセイユ・タロットの中です。五００年以上も前から、マルセイユ・タロットは占いの道具というより、自己探求　自己発見　自己実現のツールとして活用されてきました。

それは南フランスの秘教的伝統から育まれた霊的覚醒のプログラムだったのです。その秘伝（アルカナ）を心得る機会があれば、あなたもマルセイユ・タロットが読めるようになります。

1

ようこそタロットの国へ

力

星

タロットの不思議な国、今までにない体験

あなたがたった今、降り立ったタロットの国は実に不思議なところです。住民はおおむねルネッサンス風の衣装に身をくるんでいますが、全く裸の人も少なくありません。ライオンをペットのように扱っている身の丈3メートルもある少女、蝙蝠の羽を拡げる大悪魔、木に逆さに吊るされているけれども、涼しい顔をしている若者、星空のもとで泉に水を灌ぐ裸身の妊婦、笑っている太陽、汗をかいている月など、一見しただけでは何を意味しているのかさっぱり分かりません。

タロットは自己発見、自己認識、自己実現の道具。

しばらく、この国の住民の一人一人に付き合って行くと、みんな自分がどこかで会ったことがあるような、懐かしい気がしてきます。

みんな誰の心の中にも棲んでいる元型的な存在だから、当たり前なのです。自分の中にいる自分をいろいろな姿かたちで表しているのです。タロットに慣れてくると、ここに自分の本当の姿が描き込まれていることが発見できます。それは今まで気づかなかった新しい自分の発見でもあります。

だから、タロットは古代から自己発見、自己認識、自己実現の道具として使われてきました。そこには古代から秘密裏に伝承されてきた深い秘密が隠されています。

タロットで自分の人生を切り開く

タロットによって自分の正体を認識した人は、自分の人生を自分で切り開くことができるようになります。何かに迷ったらタロットに相談してください。たちどころに進路がはっきりします。問題が生じたらタロットに聞いてください。心の中にいる賢者が無言で教えてくれます。緊急事態で逃げ道がないとき、タロットの中に逃げ道を探してください。思わぬところに簡単な解決法があることに気づくでしょう。今直面している問題の本質を見極め、その解決法が見つかれば、人生に怖いことは何もなくなります。意欲と確信をもって、一歩一歩、進んでゆくと道はおのずから開けてきます。タロットは自分の人生を切り開くまたとない道具なのです。

マルセイユ・タロットとイシス・タロット

現在、世界中に無数のタロット・デッキが溢れていますが、その源流となっているのは、マルセイユ・タロットです。中でも一七六〇年に刊行されたコンヴェル版は以降のタロットの規範となり、その影響は現代に及んでいます。

ここで紹介するイシス・タロットはコンヴェル版のマルセイユ・タロットの正統性を受け継ぎ、木版画の二次元的表現を三次元的表現に描き改めたイシス学院のオリジナルのタロットです。

道具としてはあっけないほど簡単明瞭なタロットですが、使いこなせばこなすほど、非常に奥深い謎が次から次へと現れてきます。その探求の旅の案内書となれば、著者の喜び、これに過ぎるものはありません。

2

あなたの迷いを決意に変える

タロットの目指すこと

タロットとは何ですかと聞くと、大半の人は「占い」と答えるでしょう。占いというのが未来の予測だとしたら、残念ながらタロットで占いはできません。今年中に東海地震は起きますかとか、今度の巨人阪神はどっちが勝つでしょうとか、A子さんはいつ結婚できますか、といった問題は、タロットで予測することは不可能です。

タロットで目指すことは未来の予測ではなく、自分の心を発見し、自分のすることを決めることです。自分の心なのに自分で決められない人は沢山います。タロットは自分で心を決め、決めた通りに人生を実践するために、古代から伝わった秘伝（アルカナ）なのです。

迷う心と決意する心は違う

なぜ自分で心を決められないのでしょう。よく見ると、自分というものは一つの心でなく、いくつかの心の複合体だからです。感覚、感情、欲望、知性などを併せ持つためにいくつかの心が互いに争っているのです。その時々で優先順位が違い、ある時は知性が勝ち、ある時は感情が勝るといった有様です。その争いに最終的な決着をつけるのはどれでしょうか。知性ですか。欲望ですか。感情ですか。ここでも果てしない優先順位の争いが起こります。そして結局、決められない。

迷う心と決意する心が違うことが分かっていないと、この迷路からなかなか抜け出せません。

タロットは、迷路を上から見る

遊園地の迷路に紛れ込んで、脱出できず、絶望的になった経験は誰にもあるでしょう。そのとき、地面から浮かび上がってある高みから迷路を見下ろせば、抜け出す道はすぐ見つかります。タロットは問題の渦中からではなく、一次元高いところから問題を見る秘訣を教えます。

そのためには、心の有様をタロットの図像に照らし合わせ、何と何が争って問題を引き起こしているかを見定めなければなりません。タロットを展開すると、これ以上ふさわしい図像はないと思われるカードが出てきて、その中で問題をはっきりと掌握することができます。それを見ているのは葛藤している心ではなく、一次元高いところから脱出路を見極めている眼です。

決意する心が人生を決める

カードの中に問題を投射して、一次元高い境地に立つと、自然に解決する対策が浮かんできます。そしてこれを実行しようという強い決意が生まれます。決意通り実行したら、これまでと違った人生が開けてきます。決意し、実行するプロセスを重ねることが人生を作り上げていることは、誰にも納得できるでしょう。

タロットに習熟した人がよく体験することですが、いつも一次元高いところから物事を考え、行動するようになると、人生そのものが一次元上昇してきます。人間関係が変わったり、仕事のやり方が変化したり、家庭の空気が一変したりします。つまり「変容」（トランスフォーメーション）が自然に起こってくるのです。

3

タロットが受け継ぐ哲学・思想

タロットは四大論でできている

マルセイユ・タロットの世界観は、古来より受け継がれてきた四大論でできています。四大論とは、あらゆる事物をその特質、形状、存在状態から、四大元素（風水火地）の四つで認識しようとする思考体系、あるいは分類体系です。仏教の伝統が根づく日本でも地水火風の四大に、空を加えた五大は、身近な用語です。皆さんの中にも慣れ親しんでいる人は大勢いらっしゃるでしょう。また、私たちが普段使う日本語にもよく現れています。「心が潤う」は「水」、「熱く燃える」なら「火」、「弁舌さわやか」であれば「風」と、ごく自然にイメージが結びつきます。

一組のタロットは全部で七十八枚あり、上部に枠を持つ二十二枚の大アルカナ、五十六枚の小アルカナからできています。

小アルカナは、人物を描いた十六枚と物を描いた四十枚から構成され、前者の十六枚を宮廷カード、後者の四十枚を数カードと言います。宮廷カードの十六枚は、四つの組札、各組四枚からなり、数カードの四十枚は、四つの組札、各組十枚からなります。

数カードの各組十枚も、「一」＋「二」＋「三」＋「四」＝「十」からわかるように、「四」との深い関連が見られます。以上より、タロットはこの「四」、つまり「四大元素」でできていることがわかります。

二元の輻輳から展開される四大世界

マルセイユ・タロットの四大の世界を成り立たせている最も本質的な原理、それは二元論です。二元論というと、天と地、光と闇、善と悪、聖と俗など、対立する二つのものを、まず思い浮かべますが、マルセイユ・タロットは、男と女、陰と陽といった、相補性や補完性のある対偶的な二元論も含んでいます。垂直方向の二元論と水平方向の二元論の両方を併せ持つといってよいかもしれません。

大アルカナ　22枚

XVIII
LA·LUNE
XVIIII
LE·SOLEIL
XX
LE·IUGEMENT
XXI
LE·MONDE
XI
LA·FORCE
XII
LE·PENDU
XIII
XIIII
TEMPERANCE
IIII
L'EMPEREUP
V
LE·PAPE
VI
LAMOVREVX
VII
LE CHARIOT ·

XV
LE·DIABLE
XVI
LA·MAISON·DIEV
XVII
LE TOIILE
VIII
LA JUSTICE
VIIII
L'HERMITE
X
LA·ROVE·DE·FORTVNE
LE·MAT
I
LE·BATELEUR
II
LA·PAPESSE
III
L'IMPERATRICE

小アルカナ 56 枚の中　宮廷カード 16 枚

剣

杯

杖

玉

小姓　王　女王　騎士

小アルカナ 56 枚の中　数カード 40 枚

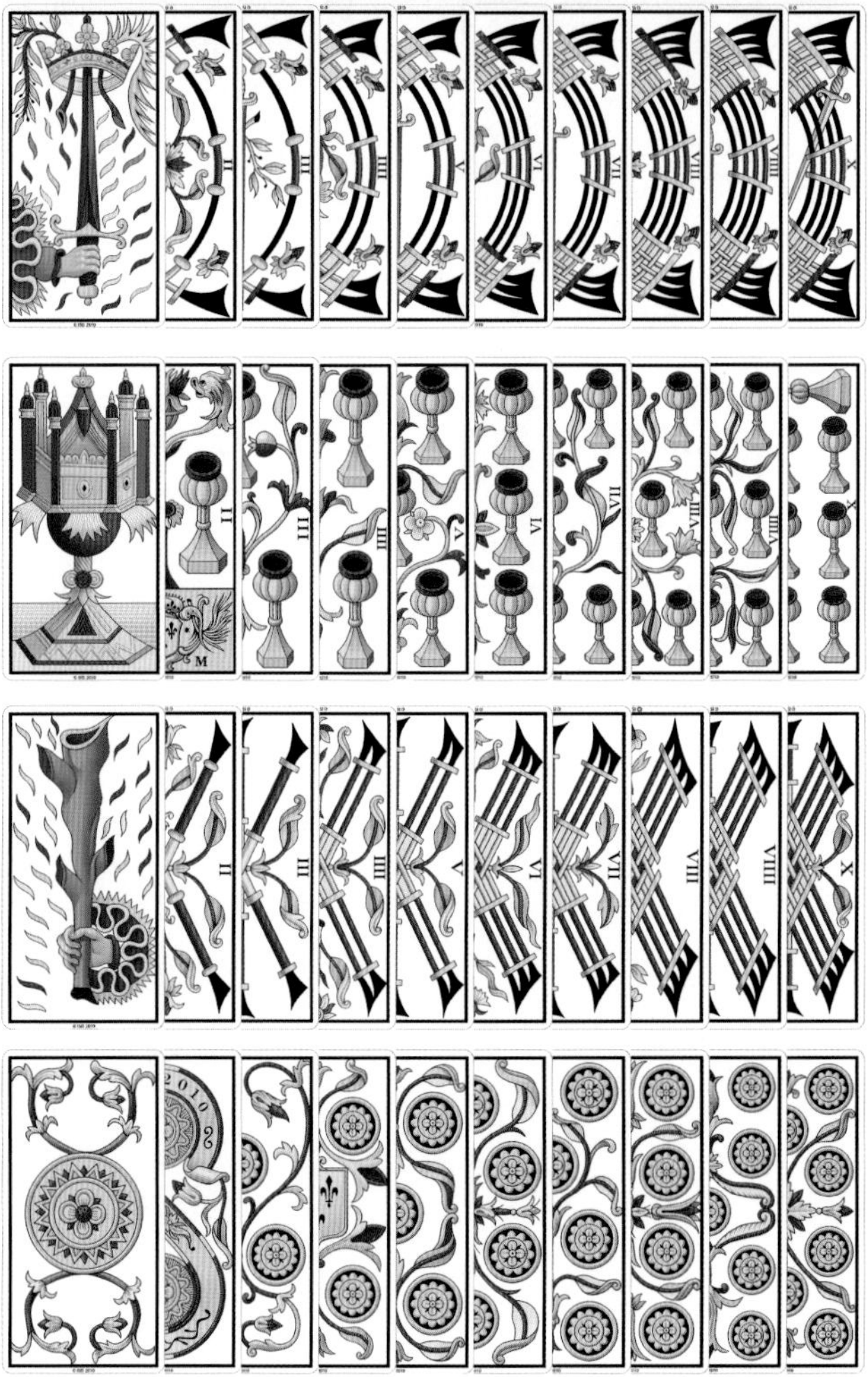

剣

杯

杖

玉

I　II　III　IIII　V　VI　VII　VIII　VIIII　X

マルセイユ・タロットのデザイン原理

マルセイユ・タロットに描かれた絵柄を見ていくと、一枚一枚の絵柄は違うものの、カード全体を眺めると、統一感があります。それは、ある一つのデザイン原理に基づいて描かれているからです。

例：

世界

四方には、それぞれ異なった生き物が描かれています。頭部を見ると、三者には赤い光輪がありますが、左下の生き物にはありません。それは、マルセイユ・タロットのデザイン原理「四つあるうち三つは共通、一つは例外」に基づいて描かれているからです。このデザイン原理は、大アルカナにも小アルカナにも、さまざまな形で取り入れられています。この観点からカードを観察するなら、マルセイユ・タロットの考え抜かれた巧みなデザインに、皆さんも驚嘆することでしょう。

4

象徴体系としてのタロット
その歴史と伝統の系譜

タロットの起源

タロットの起源は誰にもわかりません。十四世紀中葉にヨーロッパに到来したと見られ、十五世紀の中頃、現存する最古のタロットが現れますが、それ以前の系譜に関しては、断片で辿ることしかできません。そのため、いくつかの説が提唱されています。ここでは、その代表的な説の一つであるエジプト起源説を紹介しておきます。

クール・ド・ジェブラン（Court de Gébelin、一七二五―一七八四）は、十八世紀に『原始世界』でタロットのエジプト起源説を紹介しています。タロットに関する最古の典拠といえる書籍です。この説によれば、エジプト伝来の智慧（秘教の教え）が図像として、タロットに伝えられているとのことです。

イシス版はどのように創られたか。

十五世紀の中頃に現れた現存する最古のタロットが、ミラノで作られたヴィスコンティ・スフォルツァ版（図版1）です。十八世紀初頭には現在のタロットの元型をなすマルセイユ・タロットが生まれています。いくつかの変遷を経て、一七六〇年にニコラ・コンヴェルが以降のタロットの規範となるコンヴェル版（図版2）を出版しました。それは二〇世紀に入ってグリモー版（図版3）、カモワン版（図版4）に受け継がれてきました。イシス版（図版5）は形象、色彩、象徴など、すべてコンヴェル版に依拠しています。

イシス・タロットの特徴

これまでのマルセイユ・タロットは版木から刷られた木版画のデザインを踏襲しています。そのため画像がすべて二次元的表現になっています。二十世紀末になって、カラー印刷や色彩技術が飛躍的に発展したにもかかわらず、二次元的表現のままでした。イシス版のマルセイユ・タロットはこれを三次元的表現にしました。それによって、人物は生き生きとした表現を持ち、展開したカードはあたかも映画やテレビのような迫真性を帯びるようになりました。

二〇一〇年に発刊して以来、イシス版はアメリカやヨーロッパで、世界で最も美しいマルセイユ・タロットとして称賛されています。

図版 5

図版 3

図版 1

図版 4

図版 2

5

大アルカナの世界

タロットを構成する要素

ひと言でいうなら「象徴体系」と言えるタロットですが、もう少し詳細に構成要素を見ていきましょう。タロットの絵柄は、象徴に加えて、ある特定の意味を持った記号、色彩（空色・黄色・青色・赤色・緑色・肌色など）、絵柄の構図、寓意画などからできています。

大アルカナ二十二枚には、これらの要素が重層的に、しかも多様に描き込まれています。

二十二枚は、いずれも一人一人の心の中にいる元型的な人物

大アルカナ二十二枚を見ていくと、一枚だけ、枠だけあって、ローマ数字の入っていないカードがあることに気づきます。そのカードは愚者（LE MAT）という名前を持っています。自分の目指すゴールを、一途に見つめながら、「さあ、これから彼の地を目指して、旅に出よう」と言わんばかりです。そうです。愚者は巡礼の旅に出かけようとしているのです。二十二枚は、巡礼の旅の行程を表していると言ってもよいでしょう。二十二枚は、切り離されたばらばらの断片ではなく、相互に関連し合うもの、どのカードも一つ

の全体を構成する不可欠の部分なのです。皆さんも、三段七列からなる曼陀羅の世界を、愚者が旅する姿が、目に浮かびませんか。一枚一枚には、成長に必要なテーマが描かれ、愚者は遍歴の旅を通じて、すべてを成長の糧とし、完成に至ろうとしているのです。

XVIII
LA·LUNE
XVIIII
LE·SOLEIL
XX
LE·IUGEMENT
XXI
LE·MONDE
XI
LA·FORCE
XII
LE·PENDU
XIII
XIIII
TEMPERANCE
IIII
L'EMPEREUP
V
LE·PAPE
VI
LAMOVREVX
VII
V.T
LE CHARIOT ·

XV
LE·DIABLE
XVI
LA·MAISON·DIEV
XVII
LE TOIILE
VIII
LA JUSTICE
VIIII
L'HERMITE
X
LA·ROVE·DE·FORTVNE
LE·MAT
I
LE·BATELEUR
II
LA·PAPESSE
III
L'IMPERATRICE

視線（regard）は注目、意識、関心、保護、支援を意味

数あるタロットの中で、カードにある視線を重要視するのはマルセイユ・タロットの特徴です。カードを単独ではなく、他のカードとの組み合わせで読んでゆくのは「フレンチ・メソッド」と呼ばれています。一方、米英では、単独で読むことが主流となっています。フランス語の「視線」（regard）には、注目、意識、愛情、関心、保護、支援などの意味があり、視線の対象に対して深い関心と繋がりをもつことを示しています。したがって、二枚のカードの間には必ず何らかのドラマがあります。このように左右いずれかに視線を持つカードを「視線を持つカード」と呼びます。視線の先に置かれるカードは「注目カード」です。

視線の向きには、右向きカードが五枚、左向きカードが八枚、左右いずれも視線を持たないカードが九枚あります。その三種類のカードを以下に掲載しますから、視線の向きを確認してください。

右向きの視線を持つカード五枚

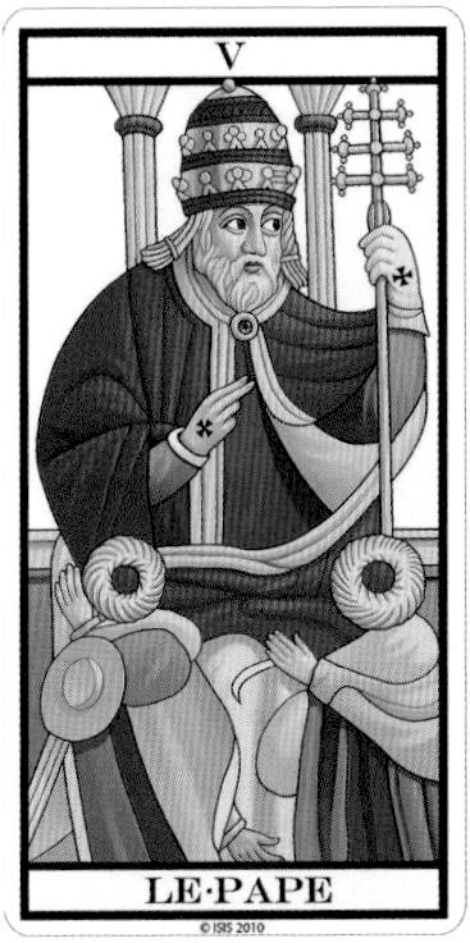
V
LE·PAPE
© ISIS 2010

教皇

LE ·MAT
© ISIS 2010

愚者

XI
LA·FORCE
© ISIS 2010

力

III
L'IMPERATRICE
© ISIS 2010

女帝

左向きの視線を持つカード八枚

仕事師

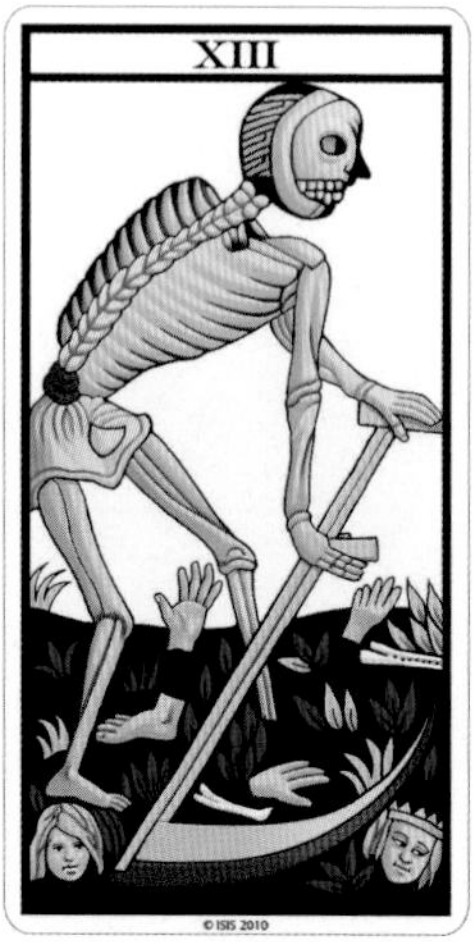

13

斎宮

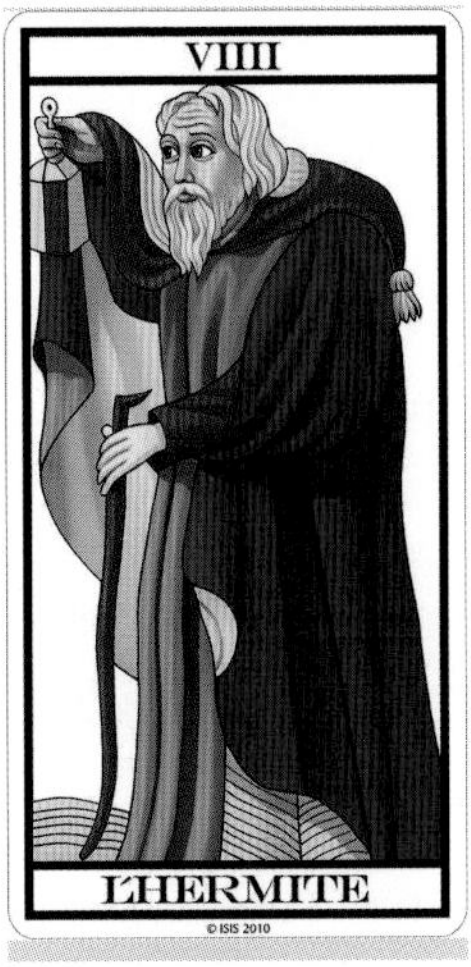
VIIII
L'HERMITE
© ISIS 2010

隠者

IIII
L'EMPEREUP
© ISIS 2010

皇帝

XIIII
TEMPERANCE
© ISIS 2010

節制

VII
V.T
LE CHARIOT ·
© ISIS 2010

戦車

左右いずれも視線を持たないカード九枚

恋人

星

正義

世界

悪魔

運命の輪

神の家

宙吊り

XX
LE·IUGEMENT
© ISIS 2010

審判

XVIII
LA·LUNE
© ISIS 2010

月

XVIIII
LE·SOLEIL
© ISIS 2010

太陽

アルカナ二十二枚

大アルカナに登場するのは、みんな一人一人の心の中にいる元型的な存在です。

愚者

犬を引き連れ、巡礼に姿をやつした道化者。いつも上を向いて前に進みます。人が良く、おっちょこちょい。服装に無頓着。後ろに蜂が追っていますが、本人は気がつきません。

①二十二枚の大アルカナのうち、愚者だけが数を持っていませんが、0ではありません。左の足元を見ると、かかとを上げて歩いています。このカードだけが立ち止まらず移行しているのです。数が表す順番や位置を持たず、どんな数にもなるのです。

②彼は手荷物を持ち、杖を持つ旅人であり、巡礼です。窮極的には神になることを目指し、その間、あらゆる大アルカナに変身します。その姿は、中世、犬の導くまま、ペスト患者を癒して回った修道僧聖ロックに似ています。

③八つの黄色い鈴と一つの緑の鈴を身に着けています。黄色の鈴はこれまで体験した輪廻転生の数です。緑の鈴は今生を表し、今生で矯正すべき一生の課題を象徴しています。

④右手で赤い杖をついています。赤は魂のエネルギー、情熱、どんな難関にもたじろがない気概と勇気を表します。手には白い卵が握られています。白は最も清浄な神性を表し、卵は人間の無限の可能性を表します。

⑤ひたすら神に向かっているので、衣服の破れも気がつきません。天真爛漫、純粋無垢、自由奔放、常識を逸脱しています。それが他人には、馬鹿にも道化にも気違いにも見えます。

⑥天に眼を向ける彼は、俗界の小さなことにこだわらず、のびのびと一歩一歩歩みを進めています。目指すのは世界、人間の内なる可能性がすべて現実になった姿、神のようになった姿です。

⑦後ろから霊性を表す空色の犬がついてきます。忠実な番犬ですが、時には彼を後押しし、時には噛みつくこともあります。彼と犬が一体となると、エジプトの人と犬の合体した神、アヌビスとなります。魂の導き手です。

⑧空色のスプーンとフラスコ型の皮袋は、錬金術を象徴します。袋の中には決して腐蝕することのない黄金が入っているのです。

⑨彼のうしろには蜂が飛んでいます。これは内在する叡智（グノーシス）を表しますが、彼はまだこの存在に気づいていません。

⑩彼が踏み分けている草の数は二十二本で、大アルカナの数と同じです。草葉の陰にある透明な玉は天球を表します。

仕事師

少年らしいあどけなさを残しています。口八丁手八丁の商売上手。左や右のお客に気を遣って、関心を逸らしません。ときどき、手元に置いたマニュアルを盗み見て、ズルをすることもあります。

①仕事師の数はI。このローマ数字は、天に向かってそびえ立つ男根を表しています。能動性、積極性、行動力、主導権は男らしさの特徴であり、仕事をする上で不可欠の能力です。
②頭にかぶる帽子の形は無限記号の∞（レムニスケート）に似ており、普遍性と永遠性を象徴しています。
③少年のような姿は、若さ、活発さ、元気、無邪気さの現れでもあります。仕事を覚えたばかりの徒弟なので、親方の顔を覗ったり手引書を参照しているのかもしれません。

若さとは、半面、未熟でもあるのです。
④左手にはバトンを持っています。両端の盛り上がりは、男根を表しています。これは四大の火、エネルギーを表します。
⑤彼の仕事は手品。口八丁手八丁でお客にあっと言わせる離れ業を行うことです。手品の道具は、ナイフ、コップ、コインなど。それぞれ四大の風、水、地の象徴です。小アルカナでは、風は剣の組、水は杯の組、火は杖の組、玉は地の組となります。
⑥仕事師の頭と胴のしなり、左右の腕はヘブライ語のアレフ(ℵ)、ギリシア語のアルファ(α)という文字の形に似ています。アレフもアルファも数字の1を表します。視線が左下を見ているのは、彼の関心が身近な具体的なことに向いているからです。愚者が天上を見上げているのと対照的です。右手に持つのは白い蕾で、これから開花する可能性、新規性を表しています。
⑦空色のバッグは四大をくるむ第五元素、エーテルを象徴しています。四大はエーテルから生み出され、エーテルに帰るのです。
⑧テーブルの脚は四本あるはずですが、三本しか見えません。本来四つあるもののうち、一つは例外として表現されるマルセイユ・タロットのデザイン原理が、ここに表れて

いるからです。
⑨両足の間にある若芽には、左に七本、右に八本の毛が生えています。合わせて読むと七十八、大アルカナと小アルカナを合計した数となります。
⑩仕事師の足は左右に開いています。これは、どちらにもすぐ向きを変えられる柔軟性、融通無碍、敏捷性を表しています。

斎宮

寺院の奥に潜み、静かに本を手にして瞑想するのが生きがい。顔色が白く、清楚ですが、冷たい感じがします。LA・PAPESSEとは女でありながら父（LE・PAPE）という矛盾した意味を持っています。

①斎宮の数はⅡ。Ⅱという数は真ん中に空間がありますが、これは受け入れる器であること、女性性、受容性を表しています。ⅡはⅠにⅠを重ねたものであることから、蓄積という意味もあります。

②斎宮は、教皇と同じ三重冠をかぶっています。両側に角のように見えるのは、三日月を二つに割って横に並べたもので、斎宮が月の女神イシスの化身であることを表しているからです。月は自ら光らず、太陽の光を反射して地上を照らしています。斎宮には、月の白さも表現されています。

③背後にはヴェールに覆われた二本の柱が見え隠れしますが、Ⅱであること、タロットは二元論とその統合であることが、示されています。

④白い顔と白い手を持つ唯一のカードですが、白は清純、純潔、無垢を表し、タロットでは霊性（空色）を超えた神性を象徴する色、高次の叡智の象徴です。

⑤斎宮は穏やかで優しそうですが、厳しい面も持ち合わせ、聖域を穢すものに対しては容赦なく斧を振るいます。胸元に見える赤い刃と白い柄は、その斧でもあります。

⑥神殿の奥深くに座る斎宮は、時々膝の上に置いた書物に目をやりますが、読んでいるわけではありません。静かに瞑想しているのです。

⑦斎宮はいつもヴェールの中に隠れ、神秘性と秘密性を漂わせています。そのヴェールが開かれるのは、密儀の参入者だけなのです。

⑧法衣の下に、たすきのように見えるものには、三つの十字が描かれています。これはアストロロジーのカーディナル十字、フィクスト十字、ミュータブル十字を意味し、斎宮が天界の秘密に通暁していることを表します。(カーディナルサイン:始動宮、フィクストサイン:不動宮、ミュータブルサイン:柔軟宮)

⑨斎宮が持つ書物はアカシック・レコードです。ここには天地開闢以来の一切の事象が、イメージとして保存されています。タロットはこれを解読する道具なのです。

⑩斎宮(LA・PAPESSE)という名は教皇(LE・PAPE)の女性名詞です。カトリックの聖職者は男性に限られていることと矛盾しますが、太古の女神崇拝の伝統に由来する密儀やカタリ派では、女性が最高神官になることは珍しいことではなかったのです。

女帝

才色兼備の貴婦人。話し上手、もてなし上手でいつも周りに人を惹きつけます。いつも未来を見つめ、人が思いつかないアイデアを出します。盾の中の鷲はたった今何かに気がついた様子。

①ⅡがⅠを受容し、二元性が統合されるとⅢになります。するとこれまでになかった新しい事態が生まれるので、Ⅲは創造の数と言えます。

②女帝が左手に持つ王笏の先端には地球と十字。地球には子午線と赤道が見えます。これより、同じような王笏を持つ女帝と皇帝のカップルの使命は、天上の意志を地上に実現することであることがわかります。王笏の先端はお腹のところに置かれています。皇帝の世継ぎを生むことが女帝の統治権の根拠でもあるからです。

③王笏の二本の柱は翼のようにも見えます。このように、女帝の想像力は地上的な現実

を離れて天界にはばたいているのです。

④右を向く青い眼はイデアを観る眼です。彼女はすべての人や物の中に真と善と美を観ているので、その瞳は明るく輝き澄んでいます。彼女が美しいのは容貌や衣装と言うよりは、その人柄が輝いているからなのです。その瞳が曇ることはありません。

⑤喉元にある喉仏は、彼女が肉体的には妙齢の美しい女性でありながら、精神的には男性であることを表しています。どんな女性も、心の中には精神的な男性を秘めているものです。Ⅲは最初の奇数であり、男性を象徴しています。

⑥王冠を戴いた女帝は、野外に設置された玉座に座っています。皇帝に従って野営中なのです。視線は未来に向かっています。女帝のお腹はふっくらとし、すでに皇太子を妊娠しているようです。これによって次世代に帝国を譲り渡すことができます。

⑦右の柱は黄金ででき、その下にある菊の花のような器は、大聖堂の入り口にある器と同様、清めのための手水鉢です。

⑧盾の中に描かれた鷲は翼を持ち上げて、今にも飛び出そうとしています。女帝の鷲は、皇帝の鷲と対照的です。女帝は右手で鷲に何か合図をした様子で、鷲はそれに気づいて好奇心の眼を左に向けています。

⑨胸元の三角形のペンダントは三角定規を示唆しています。皇帝の兜にあるコンパスと対で建築を表します。また三角定規とコンパスは、フリーメーソンを想起させます。三角形の斜辺と底辺の比率は1.6180、黄金分割になっています。
⑩足元の白い蛇は地脈を表します。中世の寺院はすべてその血脈上に建てられ、人々はこのライン上を歩いて巡礼をしました。

皇帝

玉座から身を乗り出して、次から次へと的確な命令を下し、その決断がぶれることはありません。帝国を統治する現実主義者で、実力はありますが、人間的な面白みに欠けています。

①人間は誰でも四つのことまでは同時に処理できるといわれています。五つ以上になるとパニックに陥ってしまうので、四つを済ませてから残りの一つに取り掛かるか、二つと三つに分けて対処するか、どちらかにするとよいです。したがって、Ⅲは事態を現実として把握する最大の数であり、すべてをⅢに従って処理できる人間が、この世界の支配者、皇帝となるのです。女帝（Ⅲ）と皇帝（Ⅲ）がカップルになった数はⅦ、Ⅶは地上の勝利者である戦車の数でもあります。

②兜の上にはコンパス、女帝の三角定規と合わせると、二人が建築家であることがわか

ります。女帝が発案し、設計し、皇帝が施工し、管理するという分業で行っているのです。彼の役割はイデア（理念）の現実化です。兜についている赤いギザギザは、彼の権力と権威が神から来ていることを示しています。
③空色の髪の毛は、教皇や隠者と同様、彼が私利私欲で固まった単なる現実主義者ではなく、かなり霊的に成長を遂げた人物であることを象徴しています。
④皇帝はどっしりとした玉座に座っています。彼の地位は正統性と権威を持ち、安定していることがわかります。
⑤麦の穂をつなげたネックレスにエメラルドのペンダントをつけていますが、これより、彼の役割は、大地の豊穣を収穫することであることがわかります。
⑥皇帝は鎧兜に身を固め、野外の陣営に設置した玉座に座って、臨戦態勢に入っています。すぐに身を乗り出して、将官に指揮棒を振るおうとしています。左を向いていますが、過去のいきさつから生じる現実問題へ対処することは、皇帝の仕事だからです。
⑦彼は左手で帯をしっかり握りしめています。これは指揮者に不可欠な、揺るがぬ決意を示すボディ・ランゲージです。
⑧右手に持つ王笏は、彼が地上的権力と権威の所有者であることを示します。王笏を前

に出し、大臣や将軍に、具体的で実行可能な指示、命令を与えています。

⑨女帝と同じように、皇帝にも空色の盾に鷲が描かれていますが、こちらは顔を左に向けています。二つを合わせると、ローマ帝国由来の紋章である双頭の鷲が浮かび上がります。皇帝の鷲は、天上から地上に舞い降りたばかりで、現実の成果を示す卵を産んでいます。

⑩四の字のような形♃（アストロロジー木星の記号、もともと半円に十字を組み合わせてできたもの）に足を組んでいるのは、皇帝が、壮大な志、陽気、楽天的、大きな度量、些事に頓着しないといった木星的性質を持っていることを示唆しているからです。これがなければ、国民は誰もついてこないでしょう。

教皇

人格円満で謹厳実直な教育者タイプ。弟子たちの面倒見がよいので、みんなから慕われています。いつも未来を見越して着実な手を打っています。欠点は冗談が分からないこと。

①ローマ数字のVは、これまでの数のように単位数Iの積み重ねではなく、Vという独特な形をとっています。Vは片手の指の数であり、両手の指をあわせた十はVとその逆であるΛを上下につなげたXという形になります。

②教皇の戴く三重冠は、彼が人間界、天使界、天上界の王者であることを示しています。イエス・キリストの使徒継承者として神的権威、霊的権威ばかりでなく、同時に地上的権威も体現しています。教皇はローマ時代から受け継ぐPontifexという称号を持っていますが、その意味は、橋を架ける者です。神の国とカエサルの国のような二元論

的対立に橋を架けるのが、その役割だからです。

③背後にある空色の二本の柱は、元来は夏至と冬至の日の出を観測する太陽の観測装置でもあります。また、後に、あらゆる聖域、神殿は、二本の柱もしくは門で結界されるようになりました。

④左手に持つ教皇杖も三重冠と同じく、教皇が三つの世界の交錯点におり、三界のエネルギーを受信するアンテナの役割を果たしていることを象徴しています。また、「斎宮」のたすきに縫い取られたアストロロジーの三つの十字（始動宮、不動宮、柔軟宮）も意味し、先端についた小さな十字は七惑星を表しています。

⑤胸元の法衣の留め金は、黄金の円の中にエメラルドが象嵌されています。これは太陽の象徴で、教皇が太古の太陽崇拝の祭祀を受け継いでいることを表しています。

⑥教皇の前には二人の枢機卿がいます。よく見ると左側にもう一人、黄色の帽子をかぶった小さな枢機卿がいるようです。右の人物のさらに右側には、左腕だけを見せる第四の枢機卿がいるかもしれません。二人にも三人にも四人にも見せる騙し絵になっています。

⑦左手の空色の手袋は、杖から受け取るエネルギーを絶縁する働きをしています。空色

は霊性を表す色ですが、手袋で霊性を演出しているのです。その甲には、パテー十字（マルタ十字）が描かれています。これは、元来、神殿騎士団の紋章です。

⑧右手は祝福の印を結んでいます。ここにもパテー十字（マルタ十字）が描かれています。

⑨左下に目立たないように描かれているのは柱です。

⑩二人の枢機卿は頭頂を剃髪しており、そこにキッパと呼ばれる赤いキャップをつけています。二人のつむじは時計回りと反時計回りの渦巻きになっており、二元性または陰と陽を表しています。

恋人

もて過ぎる男は困ってしまいます。今すぐ、二人のうちどちらかを選択しなければなりません。自分で決めようと思っていますが、本当にどちらかを決定するのは天上のキューピッドです。

①Ⅵというローマ数字はⅤ＋Ⅰという形をとっています。これより、ⅥはXⅠ、XⅥ、XXⅠとⅠを共有し、親縁していることがわかります。このカードは地上界をあらわす下段の七枚の中で唯一、裸の存在を描いています。「神の家」（XⅥ）が天上界の七枚のうち、唯一衣装を着けた人間を描いているのと対照的です。

②エロスの背後にはドクロの形をした白い太陽があり、タナトス（死）を表わしています。赤と黄色の光芒は、神のエネルギーがエロスとタナトスを通してあらわれることを象徴しています。

③矢を番えた弓はハープの形をしています。XⅢの骨笛、審判（XX）のラッパと楽器を介して親縁しています。

④三人の人物はお互いに話し合っていますが、その頭上を天使が矢を番えて徘徊していることに気がついていません。中央の青年は左右どちらかの女性を自分の意志で選んでいると考えていますが、本当の選択権は天使のエロス（恋）にあるのです。

⑤左の女性は恋人の肩に手を置いています。肩に手を置くのはカタリ派の救済儀礼に見られ、太陽（XⅧ）にも同じ場面が描かれています。これより、恋人カードの左の人物は、青年の霊的指導者と見ることもできます。一方、右の女性は胸に手を当て、心と心の同一化を願うこの世の女性です。恋人は、今、霊的世界の導きを受けるか、女性の愛を受け入れて、この世を楽しく生きるかの選択に迷っているようです。

⑥話し合いをする三人の人物のうち、男性と右の女性が恋愛関係にあることは一目瞭然ですが、左の人物は誰でしょうか？　見方によっていろいろな人物になりえます。右の女性の恋敵にも、男性の母親にも、結婚式を司祭する神父にも見えます。話し合いの結果か天上のエロスの矢に射られた結果かはわかりませんが、彼は今、断固たる決意をした様子。右手をしっかり帯にかけ、揺るぎない決意を表わす仕草をしていま

す。
⑦右の女性は髪に自然、愛、美、清純を象徴する花の冠を戴いています。
⑧左の人物は栄光を意味する月桂樹の冠をかぶっています。青年は栄光をとるか、愛をとるかの選択を迫られているのでしょうか。
⑨恋人の左腕と右の女性の右腕が一体化しています。この二人には三本の腕しかありません。四本目は隠れているのです。
⑩恋人は仕事師と同様、両足のつま先を左右に向けて開いています。どちらにもすぐ向きを変えることができる柔軟性と敏捷性を表わしています。

戦車

戦争に勝利を収め凱旋する将軍の雄姿。目標に一直線に突進しようとしています。よく見ると二つの車輪は進行方向に直角についているので走れません。走るのではなく宙に浮いているのです。

①戦車の数はⅦ。斎宮（Ⅱ）と宙吊り（ⅩⅡ）、星（ⅩⅦ）とともにⅡを共有しています。この四枚のカードは、孤高という点で他を抜きんでています。

②四角い馬車の上に、三角形の格好をとっている凱旋将軍がいます。3（精神）が4（物質）に対し勝利を収めた姿です。天蓋は緑と青に覆われており、星をちりばめた夜空の色になっています。これまで辿ってきた数々の勝利を振り返っていますが、地上で栄光を極めた勝利者の関心はもはや世俗にはなく、ひたすら天空に向かおうとしているのがわかります。

③神殿騎士団の総長である彼は王冠を戴いていますが、単なる王者ではありません。彼は、王者の背後にいて、王者を操っているキング・メーカーなのです。皇帝（Ⅲ）や教皇（Ⅴ）よりも高い位におかれたⅦという数を持っているのは、このためです。

④身につけている鎧の肩章には、二つの顔（ヤヌス）が過去と未来を見据えて目を光らせています。このように、過去を悉知し、未来を予見できれば、百戦百勝できるでしょう。

⑤右手に持つ指揮棒の先には太陽と月が彫り込まれています。太陽（陽）と月（陰）の二元性を自在に使いこなせば、世界を統治できるということを暗示しています。

⑥四角の車台に堂々と立ち、三角形に構えた将軍は二頭の馬、二つの車輪を操っています。つまり二元論で構成された四大世界を精神（3）で勝利を収めていることを表わしているのです。

⑦彼の左手には卵が隠されています。卵はあらゆる可能性を内に秘めています。この世における勝利者になるには、卵が孵ってからではなく、孵る前に対処することが秘訣です。

⑧戦車の前面を飾る盾の中には、しばしばカード発行者のイニシャルが描かれてきまし

た。コンヴェル版には、V・Tと記されていますが、これはコンヴェルが版権を購入したツーロン未亡人（Veuve Toulon）のイニシャルだと考えられています。

⑨この戦車は、二つの車輪が進行方向に対し垂直につけられています。これではどうやっても前に進むことはできません。この矛盾を解消するには、馬車全体が地上から浮き上がって、空中を飛んでいると考えるほかありません。

⑩空中を飛ぶ二頭立ての馬車というイメージは、プラトンが『ファイドロス』の中で描いた神話に由来します。神話によると、魂は、気概と欲望という馬に引っ張られ、智慧が御者として操縦する二頭立ての馬車で天界を飛行するといわれています。

正義

真っ直ぐ前を向き、いかなる現実からも目を逸らしません。左手に天秤、右手に剣を持ち、あらゆる不正、不法を断罪する決意をしています。怖いけれども、頼もしい存在です。

①正義の数はⅧ、Ⅴ+Ⅲで、女帝（Ⅲ）、13（XⅢ）、月（XⅧ）と、Ⅲを共有しています。Ⅲは最初の奇数であり、Ⅱの持つ受容、静止から能動的な一歩を踏み出す数です。Ⅷは、教皇（Ⅴ）の持つ制度、伝統を保持するために、均衡を保つための矯正力が備えられた数と言えます。

②霊性を象徴する空色の帽子の上に王冠を戴いています。その正面には赤と黄色の第三の眼が光っています。真実を見抜く魂の眼です。

③正義の女神はかっと眼を見開き、まっすぐ正面を見ています。その目に見据えられた

ら、誰しも畏れ多くて嘘を言うことはできません。額には、純潔と叡智を象徴する白い蛇が巻き付いています。
④二本の柱の上には天球が置かれています。人間は輪廻転生を通じて数々の天球を遍歴します。正義とは、その間の行動が原因となって必ずある結果を引き起こすというカルマ、因果の法則を意味します。いわゆる罪が法に裁かれて必ず罰が与えられるという、地上での峻厳な法則を意味するだけではないのです。
⑤二本の柱の一方は光が当てられ、他方は陰になっています。両者が対立性と相補性を同時に表していることがわかります。正義の裁きとは、二元性の統合に他ならないのです。
⑥野外に置かれた椅子の上に、若くて美しい女神がどっしりと座っています。地上の生を終えた者は全員、その前で一生の出来事を洗いざらい申し立てしなければなりません。彼女は、死者がこれから入る霊界の入り口を護る境界の守護霊なのです。
⑦彼女のネックレスは縄でできています。聖フランチェスコが創始した托鉢修道会では、粗末な胴着とその帯に使う縄以外の所有は認められませんでした。それ以来、縄は清廉潔白の象徴とされています。

⑧正義の法則を踏みにじる者には厳正な報復が下されます。右手に持つ剣はそのための武器です。剣は両刃で、これを使って他人を裁くことは自分を裁くことにもなります。

⑨左手に持っているように見える天秤は、よく見るとロープにつながっていません。宙に浮いているのです。この天秤は重力の支配する地上ではなく、宇宙で使われているからです。

⑩足元には羽毛が見えます。エジプトの正義の女神マートが頭に戴いている象徴です。マートは死者の心臓と羽毛を天秤にかけて、どちらが重いか測定します。そのバランスが取れない場合、そのアンバランスを矯正するための次の人生が用意されるのです。

隠者

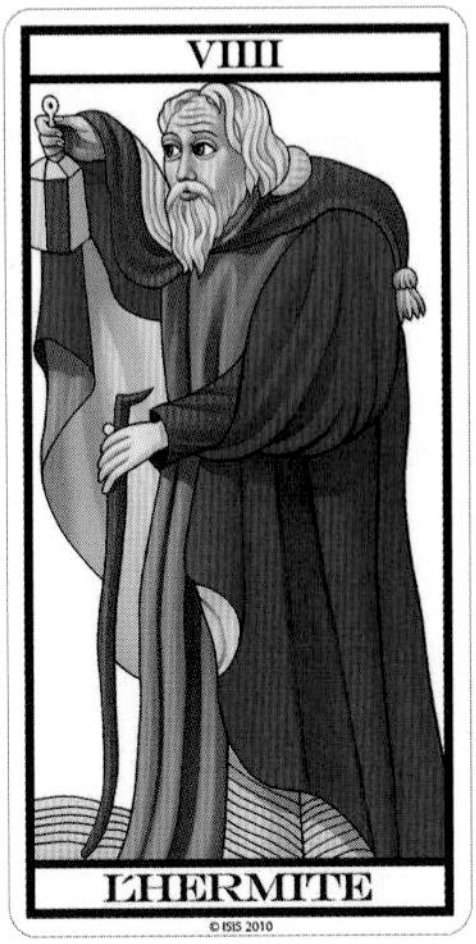

紺の外套に身を隠し、右手にランタン、左手に赤い蛇のような杖を持つ年老いた森の賢者。何かを探しているのか人を待っているのでしょうか。心の深層まで届くような鋭い眼で見つめています。

①隠者の数はⅧで、皇帝（Ⅲ）、節制（ⅩⅢ）、太陽（ⅩⅧ）と安定を意味するⅢを共有しています。

②隠者の顔は霊性を表わす空色の髭、口髭、顎髭に覆われ、眉間にはしわを寄せています。老賢人の典型で、年を取ることは老いることではなく、霊的完成に近づくことを意味しているのです。彼の視線は左、つまり過去に向いていますが、これは彼が太古からの密儀の伝統を継承するために生きてきたことを表わしています。

③右手の中には白い鍵を隠し持っています。人生のあらゆる問題を解く神性の象徴であ

り、それは自分自身の神性に目覚めよ（グノーシス）ということの暗示もあります。霊的探求にはこの鍵が不可欠なのです

④赤い帽子の先には黄色い房がついています。この形は無尽蔵の食べ物が詰まっている伝説的なコルヌコピア（角の容器）を思い起こさせます。隠者の中には尽きることのない智慧が詰まっているのです。

⑤隠者は、ランタンを照らして、密儀の伝統を受け継ぐ弟子が現れるのを探していますが、そのためにどこかへ行こうとはしません。機が熟せば必ずやって来るからです。弟子が現れた時、まっすぐ自分のところに来るように、ランタンを掲げているのです。

⑥隠者は戸外に立ってゆったりとした青い修道着に身を隠すようにして、誰かを待っているようにも見えます。右手にランタン、左手に赤い杖を握っていますが、ランタンの光は内的光明の象徴です。彼は密儀の導師、人間が神のようになる秘訣を授ける人なのです。

⑦左手は空色で、すでに半身が霊化しています。

⑧赤い杖は立ち上がった蛇の形をしており、クンダリーニの上昇を表しています。

⑨隠者が着ている外套は、古くはドルイド僧が身に着けていた修道着です。体全体を覆っ

て寒さを防ぐことができます。

⑩足元には本があります。見開いた分厚い本です。フランス語で隠者はERMITE。隠者の名称HERMITEは、通常のフランス語の辞書には見当たりませんが、ここではHを付け加えています。その正体がHERMESであることを示唆しているのでしょう。であれば、この本はトートの書、タロットに違いありません。本は、左に九本、右に八本の線が描かれています。合計すると十七，星の数になります。タロットは宇宙の森羅万象を図解した書物なのです。

運命の輪

人間万事塞翁が馬。誰かの運が下降すれば、その回転力のお陰で見知らぬ誰かの運が上昇します。さもなければこの輪から超越してスフィンクスになる他ありません。

①Xという数はVとVの逆であるΛを上下に組み合わせたものです。Vは女性を、Λは男性を表します。したがって、Xは男性と女性が一体化した姿、半身（V）の人間である女性と半身（Λ）の人間である男が、両者の統合によって完成に至る姿を表してるのです。

②このようにして完全に統合された生き物がスフィンクスです。スフィンクスとは四大の生き物である四聖獣を一身に体現したもので、額に第三の耳をつけています。スフィンクスのようになれば、輪廻転生を引き起こすカルマから脱却できるのです。輪から脱却したスフィンクスは、輪の上に悠然と座っています。

③そこに行き着こうと必死にもがいている犬にも、第三の耳があります。この耳は物理的な音声ではなく、霊的な音声を聞きつけることができる耳です。霊的完成には、第三の耳が不可欠なのです。

④運命の輪にはクランクがついています。このカードの右側に正立の女性カードが並び、その視線がこのカードに向かっている時に限り、その女性を運命の輪を回すラケシスとみなすことができます。

⑤運命の輪は六本のスポークを持っています。この六という数は、六十進法を意味します。古代から、時間と空間の測定は十進法ではなく、六十進法を用い、現代でも使われています。

⑥大海の中に巨大な筏が漂い、その上に巨大な観覧車のような輪が回っています。その輪には、知性を表す黄色の犬と欲望を表す肉色の猿が振り落とされまいと、しがみついています。

⑦ひたすら上に昇ろうとしているのはルシファーです。彼は霊的修行によって、スフィンクスが乗っている神の座を乗っ取ろうとしています。

⑧下の方に向かって、物質次元の欲望を果たそうとしているのはアーリマンです。ルシ

ファーの上昇志向がアーリマンの下降を促し、アーリマンの下降志向がルシファーの上昇を助けています。二つの悪はこうして協力しているのです。

⑨運命の輪を支えている台座は二本の柱です。つまり二元論からなっていることが示されています。運命を構成する共時的時間は、二元論的交替、言い換えれば波動、リズムから生じるのです。

⑩台座の下で、波動やリズムを伝えている力の正体は、海の潮です。潮の背後には地球の回転や月の潮汐力があります。時間とは天体の回転によって生じる波動、もしくはリズムなのです。それゆえ、運命の輪の働きを知ろうとすれば、アストロロジーの研究が欠かせません。

力

ライオンの大きさからみると、身の丈3メートル近い少女。馴れた手つきで猛獣を手なづけています。可愛らしさと、しとやかさがこの子の最大の武器になっています。

①ⅠからⅩまでの数を一階の数とすると、ⅩⅠからⅩⅩまでは二階の数となります。それぞれ一の位を共有しています。ⅩⅠはⅠともⅩⅩⅠとも、新規性、積極性、主導権、永遠を表すⅠの意味を持っています。十一は二十二の半分で、ここから大アルカナは後半に入ります。

②帽子の上にある六つの黄色のギザギザは神性の体現者であることを表しています。自分の中の神性を確信して行動すれば、あらゆる奇蹟を起こすことができます。

③帽子の形はレムニスケート（∞）で、帽子のつばは、表（意識）がいつの間にか裏（無意識）に、裏がやがて表に代わるメビウスの輪になっています。力の帽子の上に見え

る上向きの角は、悪魔に見える下向きの赤い角と対照的です。

④少女が目を見開いた表情から、愚者の後ろにいた蜂が目の前に飛んでいて、そのことにびっくりしている様子です。蜂は自分の神性の自覚(グノーシス)の象徴ですが、今、力の少女は、神性の自覚によって、これまでとまったく違った、新しい世界に向き合うことになるのです。

⑤胸のあたりに見える襟は、4の字を逆さにしたような形をしています。これは木星の記号を左右に反転したもので、木星の陽気、歓喜、拡大、吉兆を象徴しています。

⑥少女がライオンを手なづけています。ライオンの大きさから判断すると、少女の背の高さは三メートルにも及びそうです。足の指が六本あるところから見ると、どうやら彼女は巨人族のようです。

⑦少女の前にライオンがいます。これは獅子宮から始まり、乙女宮で終わる二六〇〇〇年に及ぶアイオーンを表しています。ライオンは獅子宮を象徴し、獅子宮は太陽を支配星としています。ライオンは太陽から来るエネルギー、燃える情熱、たぎる欲望を象徴しているのです。

⑧ライオンの眼は、エジプトの太陽神ホルスの眼をしています。目尻には月が見え、こ

の二つで、陰陽両極を表しています。
⑨ライオンの足のように見えるのは、実はユニコーン（一角獣）です。古来、ライオンとユニコーンは一対で、神域を守っていました。日本の狛犬は、その名残なのです。
⑩巨人族である力の少女は赤い敷物の上に足をのせていますが、それは、大地に直接、足を触れてはならない、神的存在だからです。

宙吊り

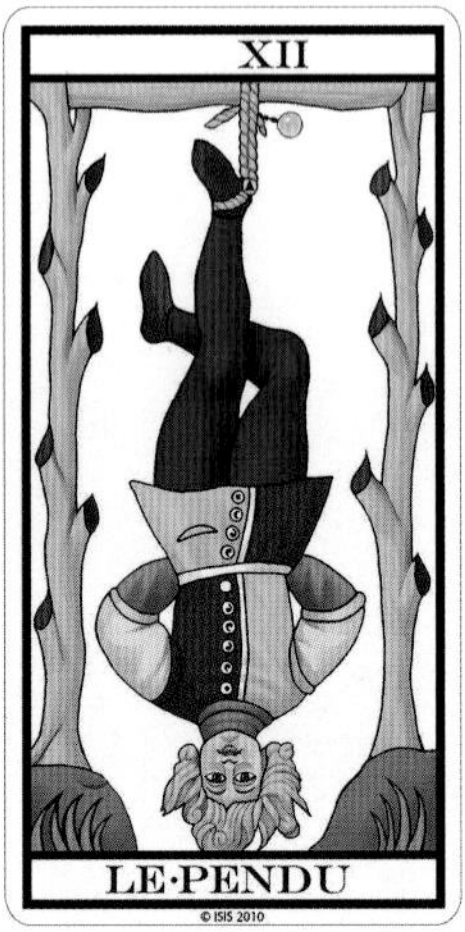

貫に片足を吊るされているけれども、一向苦しんでいる様子がありません。涼しい顔をしています。よく見ると、綱は貫を縛っていません。逆さになっているのではなく、勝手に空中浮揚しているのです。

①宙吊りの数はXⅡ。斎宮（Ⅱ）と受容を意味するⅡを共有しています。Ⅱは二元対立とその統合を表します。左右の柱にⅡが表れているだけでなく、逆立ちになった姿そのものが、上下、正逆の対立という二元性を意味しています。逆から見ることは、あらゆる評価を逆転させることだからです。

②二本の柱の間に一本の貫が横たわっています。そこに縄で縛られた若者が逆さに吊るされていますが、よく見ると、この縄は貫に縛られてはいません。彼は逆さにされているのではなく、宙に浮いているのです。

③縄のそばに天球が見えます。彼は死後の魂で、今は天球遍歴の過程にあるとも言える

でしょう。死んでからあの世に行ったまま、まだこの世に生まれ変わっていない中間状態、つまり中有にあるのです。

④二本の柱にはそれぞれ六つの赤い宝珠形があります。合わせて十二。これは黄道十二宮を表します。

⑤上着のボタンに着目してみましょう。一番上に黒い■、その下に三日月、さらに二つの勾玉があります。それぞれ地球、月、水星、金星を表しています。ベルトをはさんで、白い○は太陽、その下に続く四つの勾玉は火星、木星、土星、恒星天球を表します。その下の⊙は宇宙を動かしている第一動者です。

⑥ここに吊るされている若い男は、吊るされているのでも処刑されているのでもありません。その体は宇宙大の大きさを持っており、インドのヴィシュヌ神と同じように、宇宙に浮かんで心静かに瞑想にふけっている原初の人間（アダム・カドモーン）なのです。彼はあらゆる重力からまぬかれているので、吊るされていることすら意識していません。そして、宇宙で起こる一切の事象は、彼の瞑想によって生成消滅するのです。

⑦足は4の字に組んでいます。これは、皇帝（Ⅲ）、世界（ＸＸＩ）と並んで、木星を想起させます。彼は楽天的で、寛容で、細かなことに縛られません。木星は十二番目

のサイン、双魚宮の支配星でもあります。
⑧宙吊りは手を後ろに組んでいますが、縛られているわけではありません。アストロロジーの十二番目のハウスのように、何かを隠しているように見えます。問題解決の鍵は、見えないところにあると、暗示しているかのようです。
⑨吊るされているのに、両目は大きく開いて、涼しげな顔をしています。彼は宇宙意識の中にいるので、すべてを見通すことができ、あらゆる苦しみから解放されているのです。
⑩髪の毛の中から卵が見え隠れしています。宇宙の森羅万象はこの卵から起こり、卵に帰ってくるのです。

13

大きな血塗りの鎌を持って墓地を耕している骸骨姿の死神。眼は空ろだが、視力はあるのでしょうか。きりっと未来を見つめています。地中には生首や手足の残骸が埋もれています。

①大アルカナの十三番目のカードには、下部に名前を示す枠がありません。そのため、「名前のない十三」とも呼ばれています。十三はもっとも忌み嫌われる数ですが、本来は十二使徒の真ん中に立つイエスのように、最も神聖な数なのです。ＸⅢは女帝（Ⅲ）と、創造、変化を意味するⅢを共有しています。

②名前がないのではありません。十三という数と同じように、あまりにも畏れ多い名前なので、ひっそりと隠しているのです。頭蓋骨の左下から上の方へ、ヘブライ語のアルファベット四文字（י〔ヨッドY〕ה〔ヘーH〕ו〔ヴァウV〕ה〔ヘーH〕）で記されています。この四文字が「ヤハウエ」、「イエホバー」と呼ばれる神名なのです。

③背骨は霊性を象徴する空色で、皇帝のネックレスと同じように麦の穂の形をしています。死の変容を受け入れた者には、実り豊かな収穫が待っているのです。

④顔や胴体はまだ肉色をしていますが、左腕、骨盤、右足は空色で霊的変容を遂げていることを示しています。半霊半肉の状態から、霊肉の葛藤が激しく、最も苦しいところであることがわかります。

⑤背骨と骨盤を結び付けている部分は赤くなっています。霊的変容の前にはここが活性化して、全身の変容をつかさどるセンターになるのです。インドでチャクラと呼ばれているのと同じ機能を果たします。

⑥痩せこけた男が、大きな鎌を持って真っ黒な土を掘り起こしています。泥の中には生首や手足の断片が埋まっています。男の眼は空ろです。顔をよく見ると、鼻のところが突き出ています。実は、彼は骸骨ではありません。死んでいるのではなく、生きているのです。彼は、骸骨の縫い取りを身に纏った死の舞踏団の一員でもあります。

⑦古来の伝承によれば、死に行く者の前には、血糊のついた大鎌を引っ提げて、死神が現われると言われています。それで、死者が生前身につけた一切の悪業を刈り取るのです。それゆえ、死は一種の浄化のプロセスと言えるでしょう。死は終わりではあり

ません。次のステップへの移行であり、変容であり、新しい出発なのです。

⑧左脚を引き、右脚を前に出して、彼は今、左回転をして大きな鎌を振って黒い土を耕そうとしています。黒い土は、深層心理を表します。そこには、死、恐怖、圧迫、脅迫、疑念などの否定的エネルギーが埋め込まれています。

⑨土の中に埋まった骨には七つの穴が開いています。そこに息を吹き込めば一オクターブの音が出ます。

⑩黒い土の中には、ちぎれた手や足に交じって、錬金術上の王と女王の生首が見えます。王と女王は、この黒い土の中でこそ、二元対立を克服して変容を遂げるのです。二人は死んでいるのではなく、その渦中にあるのです。

節制

荒野の中で、大きな翼をもった天使が両手に壺をもって、交互に中の液体を入れ替えています。熱いお湯を冷ましているのでしょうか。スカートの裾には蛇が絡みついています。

①節制の数はXIIIIで、皇帝と現実を意味するIIIIを共有しています。一段高い見地から、他者のために現実的な解決を行うこと、つまり救済を第一キーワードとしています。

②天使の額の上には白い五弁の花がついていますが、これは飾りではありません。一切を見抜く第三の眼を象徴しているのです。XIIIIの試練を経て霊的開花が達成されると、すべてを明晰、的確に認識する叡智の眼が開きます。その眼が開くと、あらゆる苦痛と苦悩に苦しんでいる人を救済したいという慈悲の心が芽生えてくるのです。

③その花の右には、額の上に金髪に紛れて炎が描かれています。天使の救済の意志は燃え立つ炎のように強烈なのです。まるで、すべてを救済しなければ自分も救済されな

いと誓った法蔵菩薩、後の阿弥陀仏のようです。
④顔は左に向いています。その視線の先に、救済する相手がいるに違いありません。完全に霊化したことを示す涼し気な碧眼は、優しさと厳しさを兼ね備えています。
⑤背中に生えた大きな空色の翼は、彼女が人間と神の中間的な存在、天使であることを表しています。天使は、天上と地上を自在に往来し、天界の意思を地上に伝え、地上の願望を天界に伝える使命を持っています。双方に通暁しているからこそ、その使命を果たすことができるのです。
⑥節制の天使は野原に立って、一方の壺から他方の壺に液体を注いでいます。一滴もこぼさないように注ぐには、壺に関心を集中しなければなりませんが、この天使は救済すべき人物に眼を注ぎながら、易々と注いでいます。見事な手練の技です。注ぎ終わったら、次には逆方向に注ぎます。これを交互に繰り返せば、熱いお湯を冷ますこともできます。このように、急激にではなく、徐々に現実に適応して行くこと、これが、苦しんでいる人を救済する唯一の方法なのです。
⑦二つの壺を往来する液体は香油かもしれません。香油はブレンドすることによって、単体で使うより、ずっと大きな効果をもたらします。古代、中世では、香油が医療に

用いられていたことは言うまでもありません。

⑧天使の衣装は鮮やかな青と赤の組み合わせでできています。陰と陽、女と男、水と火といった二元対立を相互の組み合わせによって統合することが、あらゆる苦痛と苦悩を救済するのです。

⑨二匹の蛇が裾に絡みついていますが、古いマルセイユ・タロットでは、医療の神ヘルメスが持つカドケウスが縦に大きく描かれていました。

⑩節制の名前であるTEMPERANCEはTEMPER（ゆるい傾き）から来た言葉ですが、この言葉の中には、TEMP（TEMPS：時間）+ERANCE（ERRANCE：彷徨）を垣間見ることができます。ますます時空を超えて救済に馳せ参じる姿が誰の心にも浮かぶでしょう。

悪魔

角を生やし、蝙蝠の羽を持った大悪魔が左手に松明を掲げながら小悪魔を縛り付けています。三人とも真っ裸。小悪魔の首に巻き付いた綱はゆるいです。その気になれば、逃げだすことも可能。

①悪魔の数はＸＶです。教皇（Ｖ）と同じように真ん中に大きな人物を描き、その下に小さな部下を配置しています。教皇は信仰によって、悪魔は誘惑によって部下を虜にするのです。

②頭のかぶりものには、上向きの空色の鹿の角と下向きの赤い山羊の角がついています。悪魔自身、霊的向上を目指す意志と現世的な欲望の矛盾葛藤に苦しんでいるので、小悪魔たちを誘惑するツボを心得ているのです。

③額には、小悪魔の心底を見透かす赤い第三の眼を持っています。小悪魔の無意識のささやきを聞きつける第三の耳といってもよいでしょう。寄り目は集中的な瞑想状態を

表します。舌を出していることから、小悪魔を騙しおおせた優越感と侮蔑感が滲み出ています。

④左手に持つ松明は、彼が「光をもたらすもの」を意味するLUCIFER（悪魔の異名）だということを示唆しています。松明も灯りには違いありませんが、太陽の光と比べれば次元の低い偽物に過ぎません。

⑤背中に生えている翼は、羽毛からなる鳥の羽ではなく、皮膜からできた蝙蝠の羽です。蝙蝠は鳥でもなく獣でもありませんが、その双方の特徴を備えているという点で、二重性を持っています。その曖昧性が欺瞞を可能にするのです。

⑥XVから始まる第三段階の最初に出会うのが悪魔です。悪魔は、修行者が天上界に入る資格と能力を持つかどうかを試験する境界の守護霊なのです。彼はここまで来た者にあらゆる現世利益を約束し、ここに留まるように誘惑します。それに満足した途端、小悪魔のように悪魔崇拝に陥って、これ以上先に行けなくなってしまうのです。

⑦悪魔の身体はかなり霊化しています。ただ顔と両手と乳房と性器だけがまだ肉性をとどめています。悪魔は男性でもあり、女性でもある、つまり両性具有であることがわかります。

⑧小悪魔は悪魔になりたくてたまりませんので、悪魔を見上げて、うっとりしています。首せめて形だけでも真似しようと、頭に木の枝をかざして鹿の角を気取っています。首に繋がれた綱はゆるく、その気になれば自分から抜け出せるのですが、二人は満足しているので、この境涯から脱出しようとしません。尻尾に象徴される獣性に支配されているからです。

⑨悪魔が立脚しているのは錬金術の炉です。小悪魔に与えるものは全てここから産出されます。

⑩小悪魔の穢れが浄化されるにつれ、水は澄んできます。しかし、澄めば澄むほど、滓が下に溜まってきます。小悪魔はここに根を張っているので、なかなか抜け出せないのです。

神の家

そびえたつ塔の上に天上からとどろく稲妻とともに神が降りてきます。この塔から人が出て、これ以降、神の住まうところとなります。

①神の家の数はXVI、恋人（VI）と同じように異次元から突然、力の介入があったことを示しています。ウェイト版では、バベルの塔の崩壊と解釈しますが、マルセイユ版では、まったく逆に、崩壊ではなく、人間が神になったことを象徴する戴冠と考えます。神からの光を受け入れること、その光のうちにあることを内的照明（ENLIGHTMENT）と言います。

②赤いギザギザ（神）から発出する稲妻が、轟音とともに塔（マグダラ）に落ちてきます。この光を受け入れた者は、神を受胎するのです。ギザギザのすぐ下にあるのが、神の胞衣《えな》です。最初に光を受け入れた瞬間に人間神化が完成するわけではありません。そ

れは神の受胎に過ぎず、ここから神の妊娠、出産、養育が始まるのです。
③建物の上が開いているように見えますが、これは元々あった塔の胸壁の崩壊を表しているのではありません。人間が神になるという稀有な事件に天上から祝福として飛来してきた王冠なのです。戴冠の瞬間を表しているのです。
④落雷とともに天上からたくさんの光の玉（オーブ）が舞い降りて来ています。これは、また、モーゼに率いられて、荒野でさすらうユダヤ人を救った食べ物（マナ）と見ることもできるでしょう。
⑤塔を積み上げているレンガは二十二段あり、大アルカナの数と同じです。人間神化の過程は一つ一つの積み重ねであることがわかります。
⑥荒野で雷に打たれるように、神の光を身をもって体験した者は、それ以降、神の住まうところとなります。耐えきれないほどの光の衝撃を浴びて、人間が神になることは、人間神化（トランスフィギュレーション）と呼ばれてきました。
⑦神の力が人間の中に入ると、その体は神の家になります。神が主人になると、人間はここから出て行かなければならなくなります。
⑧この衝撃を受けた者は、びっくりしてひっくり返ります。神の光の存在を認識した者

は、これ以降、従来とは逆転した人生観、価値観で生きていかなければならなくなるのです。

⑨塔全体は緑と赤のレンガに仕切られた三層構造になっています。窓の数は三つですが、このことは、秘密結社の構成原理を示しています。

⑩ひっくり返った男の足跡があり、金になっています。お金は、いつも自分が踏みしめている足元にあるものですが、直立している時にはそのことに気がつかないものです。逆さになった時、初めてその意味が分かってくるものなのです。

星

静かな星明りのもとで、裸身の美女が泉のほとりで清めの水を浴びようとしています。二つの壺から注がれる水は、出しても出しても決して尽きることはありません。

①星の数はXⅦ。成功、勝利、果敢の意味を持つ戦車（Ⅶ）とⅦを共有しています。妊娠した女神の中には胎児が、また、背後の生命の木には、たわわな実がなっており、ともに輝かしい未来を象徴しています。
②夜空にひときわ大きく輝く星は女神イシスの星、シリウスです。黄色と赤の十六の光芒を放っていますが、十六は二の四乗で、二元性が四重に重なったものと言えます。太陽にも同じ十六の光芒があります。
③その周りに輝く七つの星は野生の女神アルテミスに仕えるプレアデス（すばる）の七姉妹です。この七つの星を七惑星と見ることもできます。
④エデンの園を思わせる広野の中に、二本の木が立っています。エデンの園であれば、右側の木が善悪を知る木、左側の木は生命の木にちがいありません。右の木には実がなっておらず、すでにアダムとイブが実を食べてしまった善悪を知る木であることがわかります。生命の豊穣と知性の不毛を象徴しています。
⑤左の木にはおいしそうな実がなっており、それが黒い鳥をおびき寄せているかのようです。黒は心の深淵を表す色なので、この鳥は深層心理とみることができます。その実を狙っているのは黒い鳥だけではありません。幹に沿って頭をもたげている蛇も

狙っています。この蛇は邪悪ではありません。叡智の象徴です。

⑥星のきらめく夜空の下で、美しい女神が清めのために泉に入って沐浴しようとしています。両手に二つの壺を持ち、水を泉に注いでいますが、注いでも注いでも、水は尽きることはありません。

⑦右側の壺には、口のところに赤い太陽の記号がついています。女神の金髪の中、額の上のところには月が隠されています。そこからこの女神が太陽神ラーを手玉に取った月の女神イシスであることがわかります。一筋の水は、壺からではなく女神自身から流出しています。

⑧左側の壺には青い月が描かれています。

⑨キリスト教絵画の中にあって、全身裸で長い髪をしており、香油の壺を持っている女性が描かれていたら、それはマグダラのマリアを表します。彼女は古代の女神崇拝の伝統を受け継ぐ神殿娼婦であり、南フランスには、イエスの子を宿し、その子孫がフランス王家の始祖になったという伝説が伝わっています。

⑩このカードは、今では星（L'Etoile）と呼ばれ、天上に輝く星に焦点が当てられていますが、元々の名前は泉（Le Toule）でした。女神の沐浴が主題だったのです。これ

はトイレ（Toilet）の語源でもあります。マルセイユ・タロットでは、カードの名前にも工夫がなされ、本来の主題を読み取ることができるのです。

月

日食であたりが暗くなり、おびえた犬が月に向かって吠えています。手前の貯水池の底から、月に誘われたかのように巨大な蟹が浮かび上がってきます。

①月の数はXⅧです。均衡を表す正義（Ⅷ）とⅧを共有しています。月は地球と太陽の間の精妙な引力の均衡点上を走っていますが、月はその二つの力を受け入れています。このことから、月は完璧な受容性である母性を象徴します。別名母の家でもあります。

②星と太陽が黄色と赤の光芒を放っているのに対し、月の光芒は霊性を象徴する空色と赤の光芒を放っています。太陽の顔が正面を向いているのに対し、月は左に向いてい

ます。月の軌道（白道）が太陽の軌道（黄道）と重なり、左に進行するにつれて起こる現象が日食ですが、日食は十八年ごと（サロス周期）に起こります。この図は日食を表し、不安に怯える二頭の犬または狼が描かれています。

③赤、黄、緑、空色、透明の水滴が、月に向かっています。普通、水滴は下に落下するものですが、ここでは上昇しています。二十の水滴の内、一つだけまだ地上にあって、上昇の機会を窺っているかのようです。水滴は四大元素を超える第五元素を表します。

④右の家には胸壁の銃眼に同じ銃眼がかぶさっているので、戦いの役には立ちません。その下は霊性を表す空色です。霊性に達すれば戦う必要はなくなることがわかります。

⑤左の家の胸壁には銃眼が残っています。黄色が表す知性は戦いの源なのです。

⑥天上には太陽の上に月がかぶさって、日食が始まり、いまや皆既日食になっています。あたりは光を失い、すべてがおぼろげになり、その分だけ、人は想像力を補ってみることになります。月が象徴する感情、情念、情緒が働いて、幻想世界が出現するのです。

⑦右側の犬は肉色。まだ払拭しきれない欲望を表しています。

⑧左側の犬は完全に霊化しています。肉色の犬と吠え合っている姿は、魂の中の霊肉相食む最後の葛藤、「魂の暗い夜」を表しているかのようです。夜明け前が最も暗い闇

であるように、ここを突破すれば、二つの家に象徴される太陽の国に入る城門が見えてくるのです。
⑨水底（心の深層）に潜んでいた無意識の蟹が日食の異様を感じて水面に浮かび上がってきました。これまで明鏡止水であった水面にさざ波が立ち、これまで見えていた月の影（幻想）が一瞬にして消えてしまいました。蟹が二つの鋏に青いトラウマを抱えて浮かび上がってきたのです。トラウマは意識によって上って来たとたん消されるのです。
⑩水溜まりの前面は自然のままですが、向こう側は直線で、人工的に作られています。三本の黒線で仕切られた濃淡二つの空色の筋は、霊性にも二重性があることを示しています。

太陽

真夏の太陽の下で、白い石の上に立つ右の少年が、水から上がったばかりの左の少年を迎えい入れています。首筋にある赤い痣《あざ》は、大悪魔に繋がれていた時の痕跡かもしれません。

①太陽の数XVIIIIは隠者（VIIII）とVIIIIを共有しています。十九という数は、ある日の月の位相と位置が全く同じになるには十九年を要するというメトン周期を表しています。

②太陽の顔の背後に光る十六の光芒は、星と同じです。ただし赤い八つの光芒は直線ですが、黄色い八つの光芒は曲線からなっています。赤の光芒はI、黄色の光芒はSと読めます。ここにはエジプトの女神イシス（ISIS）が四柱あらせられることがわかります。四がタロットにとって重要な数であることはいうまでもありません。

③黄色い太陽が真正面からあなたを見つめています。この太陽は中天にかかる自然界の太陽ではなく、月で表される魂の暗い夜をくぐり抜けた者だけが仰ぎ見ることができ

る霊的な太陽なのです。太陽神ラー、アポロン、アマテラス、大日如来、阿弥陀仏は、この霊的な光明神を表現した名前なのです。

④右側の少年は、川を渡ってようやくこちらにたどり着いた左側の少年を温かく迎え入れています。肩に手をかけている姿からは、カタリ派の救済儀礼の場面が見てとれます。

⑤左側の少年は、右の少年と比べて、まだ尻尾を持っています。かつて二人は悪魔（XV）の誘惑に負けて、綱に繋がれていました。二人の首に残る赤い痣は、そのときの痕跡です。

⑥壁のこちら側には川があり、その中に白い島があります。霊的光明に照らされた二人は、ここに至って全く新しい国、神の国に入るのです。

⑦光に照らされた少年たちから、水滴が太陽の方に昇っています。水滴は通常、上から下へ落ちるものですが、ここでは逆に上昇しています。古代密儀では、太陽を動かす原動力は、人間の祈りの力だと信じられていました。

⑧城壁に囲まれたこの都市は、ヘリオポリス（太陽の都）と呼ばれています。そこは、魂の完成を果たした者だけが住む天国であり、極楽です。そのためこのカードの正立

は、大アルカナの中で唯一の吉兆カードになっています。歓喜、祝祭、幸福、健康を表すカードです。

⑨ここまで来ても油断はなりません。少しでも気を許すと、月（XⅧ）の水面下に潜っていた蟹（無意識化のトラウマ）が鋏を出して、せっかくここに到達した求道者に食らいつき、水中に引きずり込んでしまうかもしれないからです。

⑩右側の少年が立っている白い石は、ここが揺るぎない基盤であり、極楽浄土またはシャンバラであることを表しています。白は何もない状態を表しますが、実は、白はすべての色がここから発する根源であり、一切が含まれています。

審判

大地が開き地中の墓から黄金の棺がむくむくと現れ、中から空色の肌をした人物が立ち上がり、これから天上に昇ろうとしています。大天使は大きなラッパで歓迎します。

①ＸＸという数は、新しい出発を意味するＸが二つ重なったものです。そこでＸＸは新しい第二の誕生、霊的復活を意味します。復活（resurrection）とは、再び（re）上に向かって真っ直ぐ（sur）に立ち上がる（erection）ことを原義としていることから、人間が本来の神性を取り戻して、永遠の生命を獲得することを意味します。

②霊の中から突如として巨大な天使が出現しています。赤と黄色の光芒は常に神性顕現の表れです。

③この天使は、輪となった円形の雲の中にいて、半円形の翼を持ち、ラッパには十字の旗を取り付けています。円と半円と十字の組み合わせは、アストロロジーでは水星（☿

マーキュリー）を表します。水星はギリシアではヘルメス、ローマではメルクリウスと呼ばれ、エジプトの三倍偉大なヘルメス（ヘルメス・トリスメギストス）を思い起こさせます。

④天使は勝利のラッパを吹いています。これは天界の音楽を意味します。音楽を通して、天界の調和を認識できる者には、魂の復活の道が開かれるのです。

⑤新生児の頭は、教皇カードに描かれる枢機卿と同じように頭頂を剃髪しています。それが遠くの山を背景にすると、巨大な一つ目があらわれます。万物を見そなわす一つ目は、神の秘教的表現なのです。

⑥天上に天使がいて、その下に三人の人物を配するという構図は、恋人と同じです。恋人では、三人とも天使の存在に気づいていませんが、審判では、天使が圧倒的に大きく、下の人物は天使を見上げて、天使とコミュニケーションを図っています。天使の呼びかけに応答することが、今生における自分の仕事であり、天命であり、天職となるのです。

⑦このとき黄金の棺から生まれる新生児は、天使の呼びかけに応えて、自分で立ち上がっています。その右半身は男性ですが、左半身は女性です。体全体が空色となって霊化

しており、完全な両性具有となっています。

⑧新生児の父と母が我が子の復活を、歓呼して迎え入れ、天使の祝福に手を合わせて感謝しています。両親は肉色で描かれ、明らかに男と女ですが、その子は全身霊化（空色）しています。

⑨新生児は黄金の棺から出現します。自分を錬金術的な黄金のように完全無欠なものにして初めて、復活が可能になるのです。

⑩黄金の棺の左右には赤い迷路が見えます。迷路は、魂を迷わす地上の生活を象徴しています。黄金の棺とは、幾多の迷路をかいくぐり、今ようやく、そこから脱出する出口なのです。

世界

獅子、牛、鷲、天使に囲まれた空色のリースの中で両性具有の人物が楽しそうに踊っています。長いひれを振り、左手に短いクラブ、右手に小さな壺を持っています。

①ＸＸＩは、仕事師（Ｉ）と力（ＸＩ）とＩを共有し、この三枚にはレムニスケートも描かれています。もとに回帰しては新しく出発する生命の永遠性を表しています。
②ＸＸＩでは、花輪の上下に二つ描かれています。
③全身、裸でシヴァ神のように踊っているのは、審判で復活を果たした両性具有の完成者、成就者です。乳房が大きいので女性かと思われますが、赤いひれの下には男性の局部を隠しているのです。このことは、左手に男性のシンボルであるクラブ（杖）を、右手に女性のシンボルである壺を持っていることからも確認できます。
④すべて空色になったオリーブの花輪は宇宙的な円環を表します。四聖獣が張り付いて

いる黄道十二宮なのです。

⑤四方に配されている四聖獣は、鷲、天使、獅子、牛です。この四つの生き物の統合体がスフィンクスなのです。仕事師で物質であった四大が、霊的遍歴の完遂により、すべてが生き物になったのです。

⑥マルセイユ・タロットでは、四大との対応は、鷲が風、天使が水、獅子が火、牛が地です。アストロロジーにおける四大の配当とは異なりますので、注意が必要です。

⑦両性具有となった神人が天界の音楽に合わせて踊っています。本来ならば、完全に霊化しているので、全身は空色で表されるべきですが、オリーブの花輪も空色なので、重複を避けて、肉色で表現されています。両足を4の字に組み合わせているのは、4というタロットの原理となる数を表しているからです。

⑧ヨーロッパでは四聖獣は四福音書のシンボルとみなされているため、教会の内外には四聖獣の絵画や彫刻が溢れています。おうしはルカ伝、獅子はマルコ伝、鷲はヨハネ伝、天使はマタイ伝に対応します。

⑨牛には角がなく、馬のように見えます。そのため、馬を描いた戦車の親縁カードとすることもあります。また、牛には、他の聖獣にある頭上の光背が見受けられません。

四つあるうち、一つは例外になるというデザイン原理が、ここにも踏襲されているのです。

⑩獅子の左、牛の右に描き込まれた緑の葉と赤い果実のようなものは何でしょうか？

聖なる生き物になった証として、胴体から生えた翼かもしれません。

6

カードの読み方

イシス・タロットが読みやすい訳

問題を視覚的に把握しやすい

タロットは漢字やエジプトの神聖文字と同じように、画像で描かれた言語です。事態を表すのに文字や音声ではなく、形象と色彩を伴うイメージで意味を表すので、問題を抽象的な概念というより、具体的な視覚イメージでとらえることができます。

漢字では、前後の状況判断で一つの文字をいろいろな意味に訓読することがありますが、タロットもカードとカードの関係から状況次第や読み手の判断で、いわば訓読してゆきます。初めは少し難しいと感じられますが、すぐ慣れてゆきます。

視線を持つので、カード間の関係が一目でわかる

人間関係が問題の場合、本人と相手との関係が明瞭に示されます。例えば、A子さんがB君とC君に好意を持っている場合、今後どちらと付き合ったらよいか、迷ってタロットに問うと、こんな風な展開になりました。一目瞭然ですね。

B君↓

A子さん↓

C君↓

戦車

女帝

皇帝

親縁性を持つ象徴に富み、焦点を絞り込むことができる

大アルカナカードには人物以外にいろいろな象徴物が描かれています。その大部分は多少姿を変えて他のカードにも現れています。このように同じような象徴が見られるカード同士を「親縁カード」と呼びます。同じ展開の中に親縁カードが現れた場合、その象徴は強調され、その二枚を解釈の中心に置きます。

例：

節制

星

二枚のカードは、二つの壺で親縁カードになっています。

戦車

運命の輪

二枚のカードは、車輪で親縁カードになっています。

正立と逆向きがあるので、問題点と解決法がわかる

シャッフルして裏返したカードを表にしたとき、逆向き（Rで表記）に出ることがよくあります。これを「課題カード」といい、何らかの問題、障害、困難を抱えていると考えます。このカードの特質が過剰か不足かブロックしているのが原因です。その問題を解決するために、そのカードの下にもう一枚カードを引きます。これを「対策カード」といいます。課題カードの過剰か不足かブロックで問題の本質を見極め、対策カードに示されたことを、問題解消のヒントにすれば解決法が明らかになります。以下の場合で

したら、一つ目は、過剰な楽天主義をを現実策で解消する、二つ目は、考えてばかりいないで一歩踏み出すと読むことができます。

例：

愚者R

皇帝

宙吊りR

愚者

一枚引き

大アルカナから一枚を裏返しのまま引く

最初は、もっぱら二十二枚の大アルカナを使います。大アルカナは、上部にローマ数字の入った枠と下部に名称の入った枠があります。

濃い目の色をした無地の布（クロス）の上に、二十二枚を裏返し、両手で混ぜてください。

これをシャッフルといいます。タロットを展開する際には必ず専用の布地の上で行う習慣をつけましょう。この布地を拡げることで、タロットのリーディングと日常生活を区別する意識の切り替え（聖別）を行います。

最初の一枚を引いてみましょう。その前に、心に何か問題を設定します。例えば、「明日、就職試験の面接がある。どうなるか」という問いを発してみることにします。

イメージAとイメージB

そのとき、あらかじめ明日の面接の現場を想像します。数名の面接官に対面し、あなたの体は緊張でこわばっているでしょう。みんな親しみのもてる人たちなので、案外、リラックスできているかもしれません。その様子を思い浮かべてください。それを仮に「イメージA」と名付けることにします。

クロスの上に裏返しの状態で置いてあったカードを左から右の方に、扉を開けるように表に返してみましょう。するとそこには力というカードが現れました。それを見た瞬間、脳裏に浮かんだイメージを「イメージB」とします。

力

そこに意味を発見する

イメージAとイメージBを重ねた時、たぶん、十中八九の人がこの少女を「これは私だ」と直観したでしょう。この場面で、並みいる面接官というライオンをやさしく手なづけているのは「私」以外にありません。この少女を面接官とみる事も理論上、不可能ではないのですが、相当ひねくれた人以外はそう考えないでしょう。

これで明日は自信をもって面接に臨めますね。そうすれば、どんな質問でも、臨機応変に答えることができ、さわやかで有能な印象を面接官に与えることができます。試験の合格は間違いありません。

一枚引きは非常に有効です。いろいろな問題を作って挑戦してください。物事の判断がつかないとき、たった一枚で決めることに慣れてくると、これが窮極の引き方になります。

誰にでもある空気を読む力

その場と心を結びつけている空気（エーテル体）

タロットを読む根源的な力は、知識や論理といった言語能力を中心とした知性ではありません。その場の雰囲気の中で、ある状況がどんな意味を持つかを言語を介さずダイレクトに直観する能力です。これは誰でも生まれながら持っており、実はいつどこでも無意識に使っているのです。そのことを日本語では、「空気を読む」と表現しますが、タロットを読むということは、その場と登場人物を結び付けている空気を読むことなのです。ヨーロッパの秘教的伝統では、これを「エーテル体」と呼びます。これは日本語の「気」に当たります。「気づく」、「気配を感じる」、「気を遣う」、「気をまわす」、「気分がよい」、「気が滅入る」といった言い回しで、日本人は誰でも、いつ、どこでもこの能力を行使しています。

空気とは、状況を全体的、直接的、直観的に把握する力

空気を読むことが、他の能力と根本的に異なるのは「全体」を把握することに長けていることです。われわれはものを理解するとき「分かる」、「分かった」と言いますが、これは事態を概念的に分析することを意味します。その概念に焦点を合わせる時、それに当てはまらない他の事態は必然的に排除されるので、当然、全体性を見失います。空気とは状況を全体的、直接的、直観的に一気に理解する能力です。タロットは知性ではなく、エーテル体を察知する、言語以前の直観力を使います。

観念、概念ではなく、イメージを捉えて状況を理解する

このとき重要なのは、言葉ではなく、イメージです。エーテル体は観念や言葉ではなく、イメージに反応します。このことはウェイト版のタロットに馴染んでいる人には、理解しがたいことかもしれません。ウェイト版では、ある意味を持った所定の場所にカードを置き、その意味とカードの意味を表すキーワードを重ね合わせてリーディングを行います。例えば悪魔は「誘惑」、「束縛」など、悪い意味で読みますが、イシス・タロッ

トでは、他のカードとの組み合わさったイメージと、状況の持つ空気に応じて、「上司を尊敬」とか、「よいチームワーク」といった良い意味で捉えることもあります。

悪魔

質問者と読み手の共同作業でリーディング

一般に、タロットとは質問者が読み手にリーディングを期待し、読み手はあたかもご託宣を述べるように質問者にカードの意味を解き明かすという形をとっていますが、この点、イシス・タロットは全く異なっています。タロットの目的は質問者の悩みを解決することであって、質問者が秘めていることを「当てっこ」することではありません。そのため、問題の具体的な状況を詳しく知っている質問者とタロットの読み方に知識と経験を持っている読み手が問題解決という一つの目的に向かって、虚心坦懐に情報と智慧を交流することが大切です。この共同作業がリーディングなのです。このように双方のエーテル体が一つになって心を通わす環境を作れば、タロットは二人に対し、面白いように真実を明かし、解決法を明示してくれます。

タロットを読むコツ　カードではなく、心を読む

タロットを読むコツはたった一つです。質問者は迷い、苦しんでいます。その本質と問題が起こった原因がわかれば、解決は自ずから見えてきます。迷いや苦しみは直面している事態や周囲の状況にあるのではなく、本人の心から発しています。いつも他人のせいにして、原因が自分にあることを認めたくない人は、そのことに気づきもしませんが、実は迷いや苦しみはすべて本人の心が作り出しているのです。本人に原因があるからこそ、そのことを自覚すれば、本人次第で迷いや苦しみを解消できることになります。原因が本人にあれば、解決も本人ができます。

タロットを読むとき、気をつけなければならないことは、カードを読むのではなく、そこに映し出されている心を読むということです。

カードは心を映す鏡のようなもの

普段、自分の姿は自分では見られません。しかし鏡があれば自分を見ることができます。展開されたカードは、自分の心を映し出している鏡なのです。したがって、カードではなく、カードに映し出されたイメージから、自分の心がどのように映し出されているかを読まなければなりません。カードを見て、そこからくる先入観からカードを読むのではなく、そのカードに映されている自分の心を読むのです。例えば、骸骨を描いた13のカードは、カードを読めば死とか破滅と読むことになりますが、本人の心を読めば、身辺整理して再生を期すと捉えることもあります。

13

二枚引き

課題を明確にして、二枚を引く。二枚目は一枚目の左

①　戦車　②　斎宮

課題は「A子さんは長らく、B氏に思いを寄せていましたが、根が引っ込み思案なので、何度も機会があったにもかかわらず、打ち明けたことがありません。これからどうなるでしょう」という内容だとします。

今度は二枚引きでみてみましょう。大アルカナ二十二枚を裏返して、十分にシャッフルした後、クロスの中央に最初の一枚を置き、表にして一枚引きと同じように、リーディングをします。その後、その左に二枚目を置きます。

まず、視線を検討する

この問いに一枚目には戦車、二枚目には斎宮が出ました。この斎宮がA子さん。戦車がB氏であることは疑いを入れません。瞬時にわかります。

まず、視線を検討します。二枚はお互いに見つめ合っています。今後、二人が何らかの繋がりをもち、二人が心を通わせる可能性は十分にあります。

次に正逆と親縁性をチェックする

次にカードが正立で出たか、逆向きで出たかをチェックします。一枚目の戦車は正立、二枚目の斎宮は逆向きで出ています。逆向きに出たカードは何らかの問題を抱えていると考えます。そのカードの性質が障害になったり、その性質が過剰か不足のために問題を引き起こしていると考えるのです。斎宮は寺院の奥深く、静かなところで本を手にして瞑想にふけっています。その背後には帳がかかって、人目につかないようになっています。この性質が過剰になり、A子さんの引っ込み思案や言いたいことも表に出さない消極性が片思いの原因であることが分かります。戦車のB氏はまだA子さんの心の内は知りませんが、A子さんを迎え入れる余地はありそうです。でも戦車の天井を覆うヴェールのおかげで、斎宮と親縁カードになっているのでB氏も積極的にA子さんに働きかけてこないでしょう。

そこから二人の関係を考える

視線と正逆、親縁関係をつぶさに検討したのち、二人の今後の関係を考えてみましょう。残念ながら、このままでは二人の関係にさしたる発展は期待できません。このあと起こることは、A子さんがB氏への忍ぶ恋を静かに諦めるか、このリーディングを通して、その原因が自分の消極性にあると実感し、思い切って告白してみようと決心するかで違ってきます。

タロットはA子さんの心の在り方を逆に問いかけています。未来はタロットが見通したり、決めたりしているのではなく、A子さんが自分の未来を自分で作ることを促しているのです。

二枚で八通りの人間関係

視線を異にする二枚のカードには八通りの組み合わせ

右向きの視線、左向きの視線をもつ二枚のカードは八通りの組み合わせがあります。一例を挙げましょう。女性の恋人を表す右向きの女帝と男性の恋人を意味する左向きの仕事師の組み合わせは以下の通りです。

①

女帝

仕事師

男：僕も愛してる。

女：愛してるわ。

②

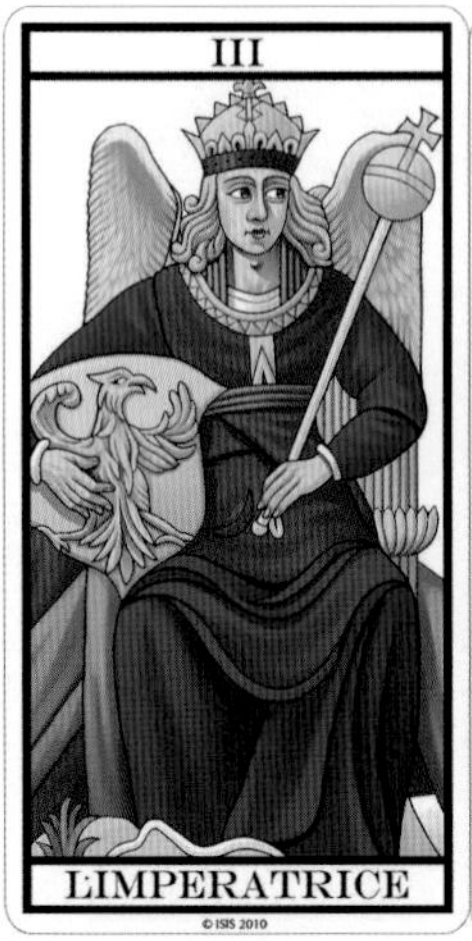

女帝

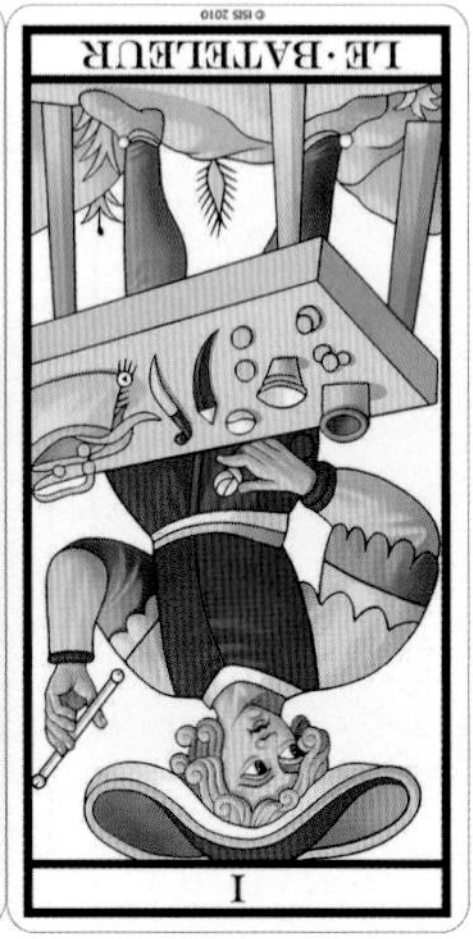

仕事師

男：別に。余計な心配するな。

女：どこか悪いの

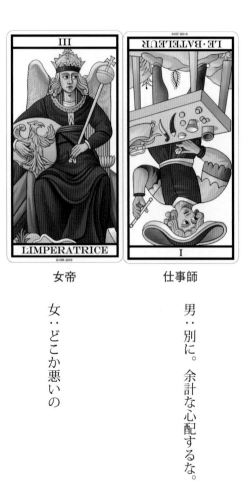

③

女帝

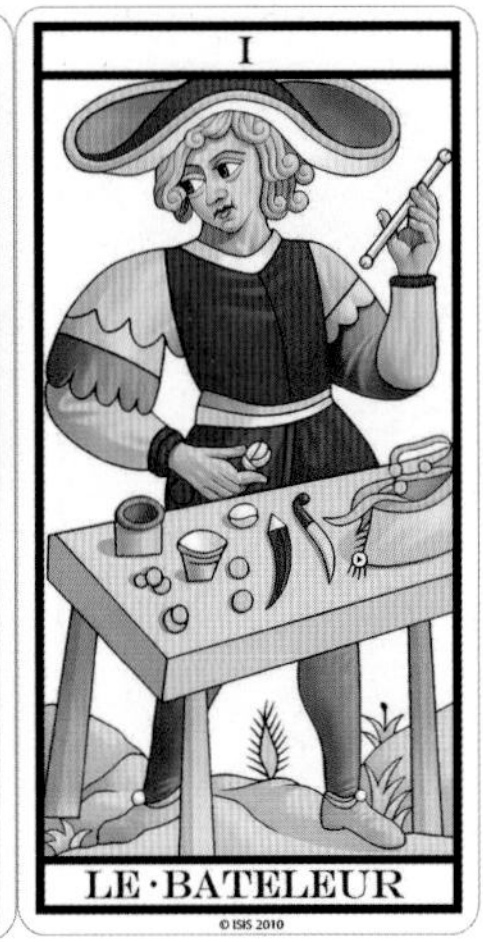

仕事師

男：機嫌を直してくれよ。

女：私、知らない

④

仕事師

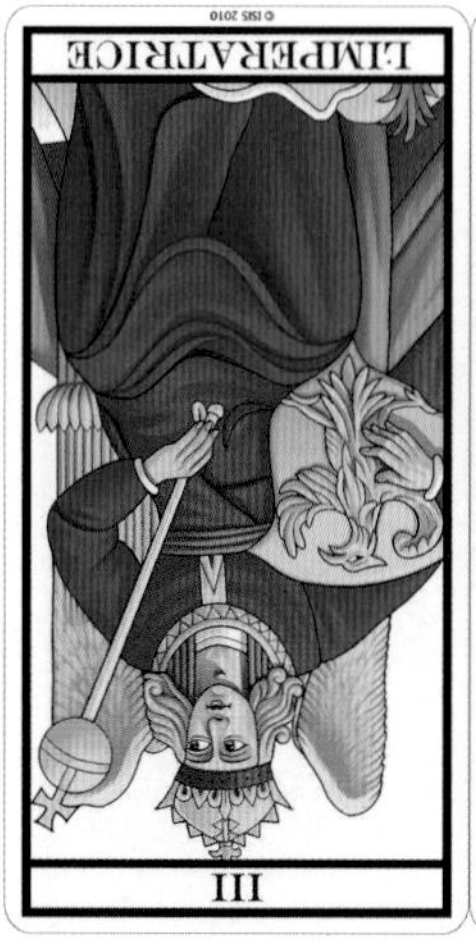

女帝

男：そうだね。どうしようもない。

女：私たち、終りね。

⑤

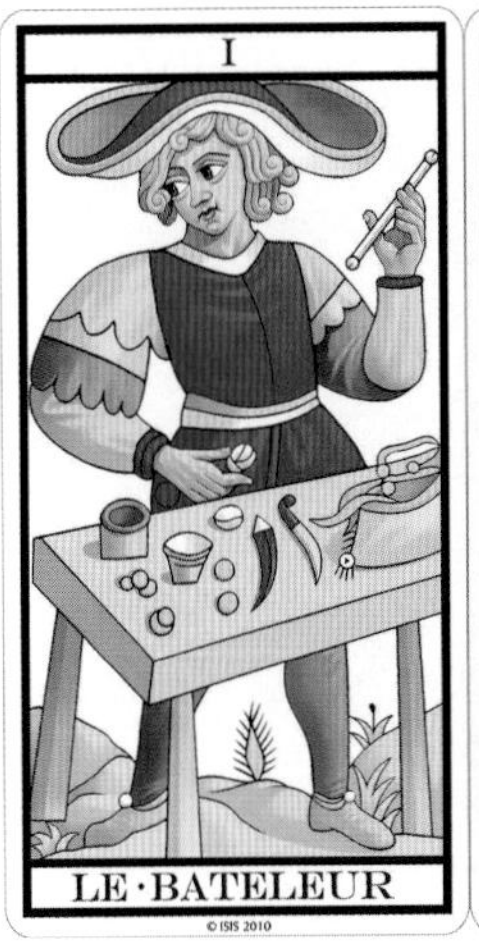

仕事師

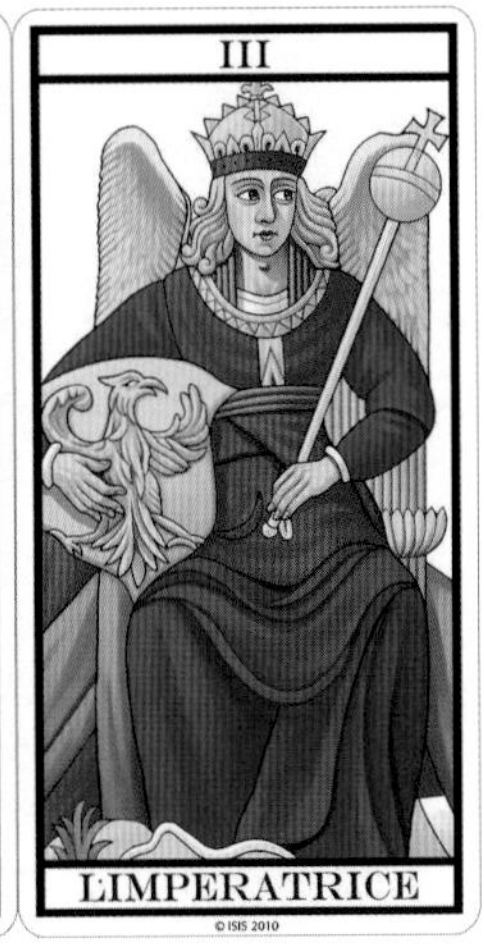

女帝

女：そうね。そうするわ。

男：勝手にしろ！

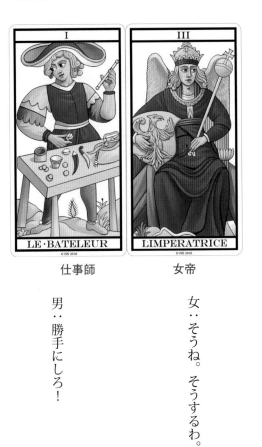

⑥

仕事師　　女帝

女：お願い。助けて！

男：俺の知ったことじゃない。

⑦

仕事師

女帝

女：そう。いい気味だわ。

男：困っているんだ。

⑧

女帝

仕事師

女：苦しいのはお互い様よ。

男：一番苦しいときだね。

気になる人を思い浮かべて、二枚引きをする

気になる異性を思いながら、仕事師と女帝の二枚を裏返しして、シャッフルし、おもむろに表に開けてみてください。八通りの組み合わせのうち、どれが出ても必ず、思い当たることがあるでしょう。カードがそう主張しているのではなく、読み手の心が状況に合わせて、事態を的確に読み取っているのです。面白いように「当たり」ます。

視線を持つカードと注目カード

二枚引きは、二人の人間関係を読むだけにとどまりません。関係性を重視するマルセイユ・タロットでは、展開の中で、視線を持つカードの先に注目カードを引きます。この二枚引きを見てみましょう。ここでは、視線が何を見ているかに着目し、その関係性から繰り広げられるドラマや二枚のカードから浮かび上がるイメージを読んでいきます。絵柄のイメージを膨らませて読むのがコツです。

例えば、

会社に行く

愚者

神の家

温泉に行く

愚者

星

愚者

太陽

プールに行く

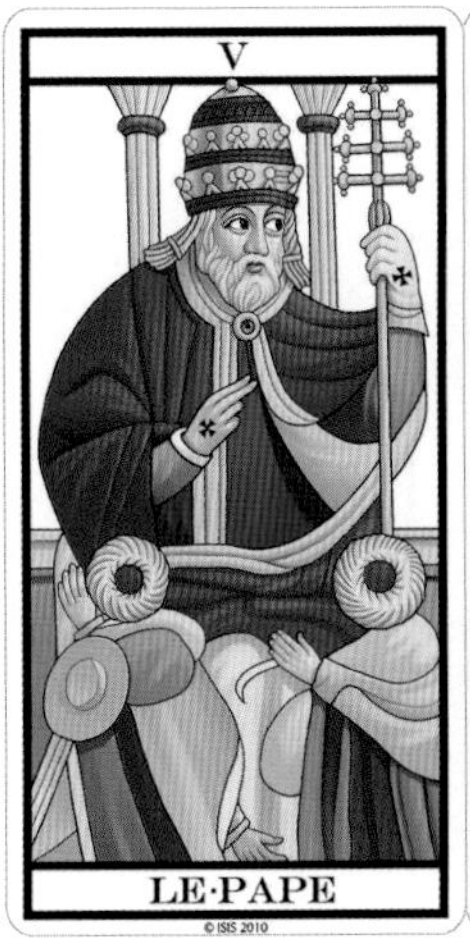

教皇

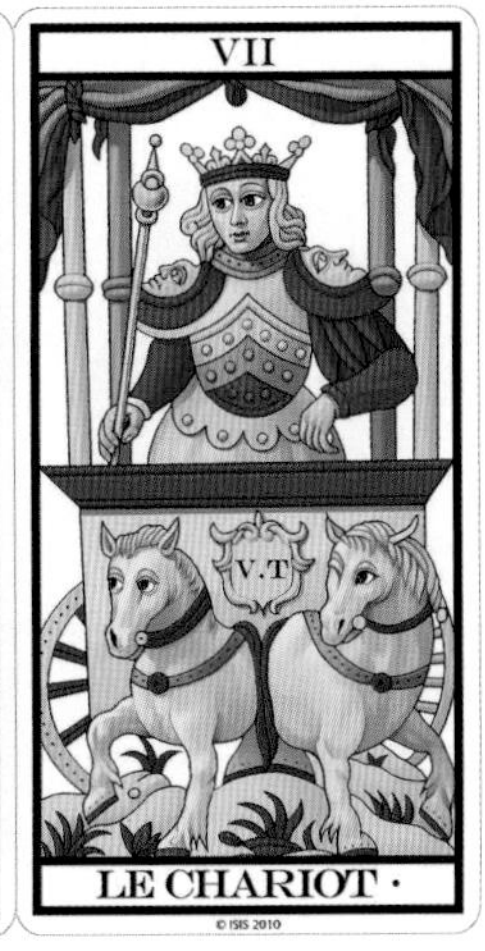

戦車

乗馬を教える

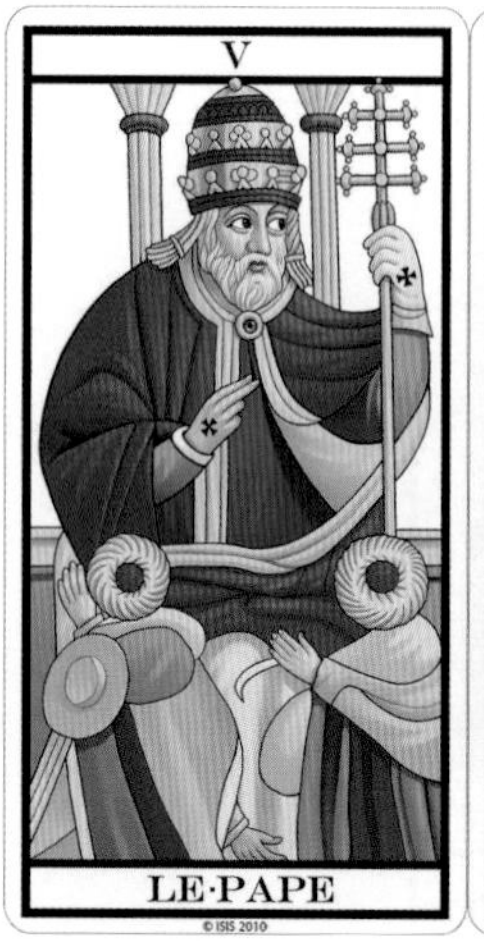

教皇

正義

法律を教える

教皇

宙吊り

ヨガを教える

図書館

神の家

斎宮

恋愛小説

恋人

斎宮

六法全書

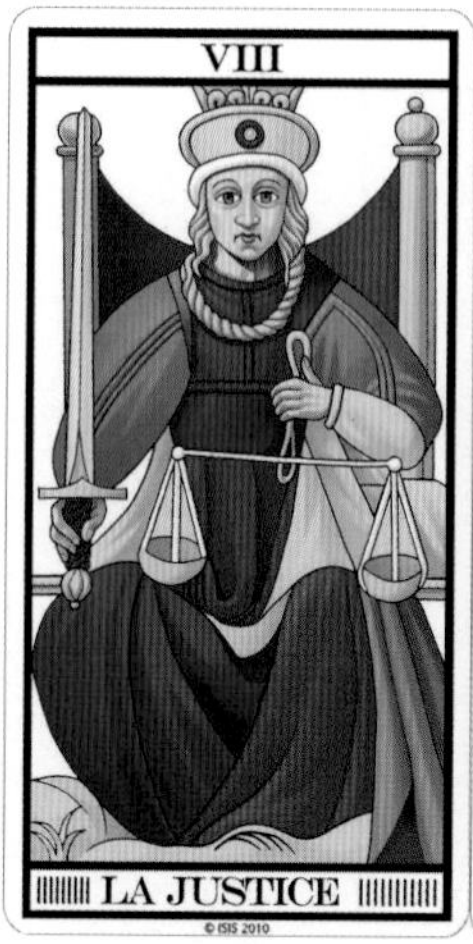

正義

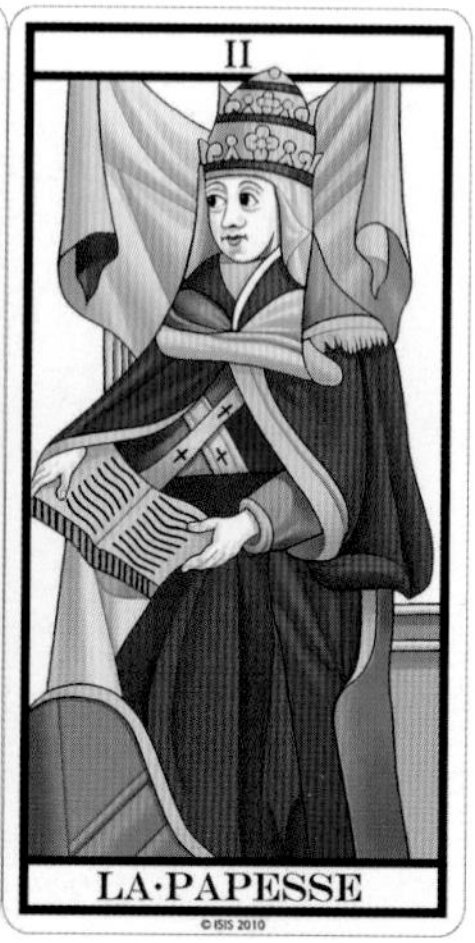

斎宮

課題カードと対策カード

展開で、カードが逆向きで出たら、そのカードを課題カードと呼び、その下にはその課題を解決するための対策カードを引きます。逆向きは、本来の状態（正立）が過剰・不足・ブロックで問題となっていることを示します。逆向きだからといって、凶・ダメであるとしたり、正立の反対の意味で読むことはしません。

例えば、

斎宮 R

教皇

（課題） 自己流で勉強してきたので、行き詰っている

（対策） 経験豊かな先生の指導を受けましょう

斎宮R

隠者

（課題）勉強不足で、伸び悩んでいる

（対策）勉強内容の的を絞って、じっくり取り組んでいきましょう

斎宮R

太陽

（課題）閉じ籠って本ばかり読んでいて、生気がない

（対策）外に出てお日様を浴び、体を動かしましょう

仕事師 R

節制

（課題）毎日、接客でくたくた

（対策）アロマでリラックスしてはどうですか

仕事師 R

13

（課題）いろいろなことに手を出しすぎて、収拾がつかなくなっている

（対策）整理し、不要なものは削ぎ落しましょう

仕事師 R

教皇

(課題) 仕事の進め方がわからない

(対策) 上司に相談してみましょう

7

イシス式展開法

展開に先立つ準備・環境整備

タロットは、私たちの心を映し出す心の鏡。リーディングは、展開カードに映し出された自分に向き合う場とも言えます。こうした繊細で大切な行為をするのにふさわしい環境を整える必要があります。掃除・整理整頓が行き届いた清められた環境、落ち着いてタロットに集中できる環境で行うようにしましょう。また、平静な心で臨むことも、タロットを展開するに先立って重要なことです。

クロスを拡げ、タロット曼陀羅を作る

展開に先立って、おもむろにクロスを拡げ、大アルカナを使って、タロット曼陀羅を作ります。二十二枚を数の順に三段七列に並べ、数のない愚者を下段左側に配置することで、質問者も読み手も同時に大アルカナを一望しながら、これからタロットという非日常的行為を始めることを自他ともに宣言する非常に重要な儀式です。（＊読み手と質問者は、正中線が合うよう、真向かいに座って行います。）

読み手は質問者から問題を聴きながら曼陀羅を作り、一つに束ね、すべてを裏返した一

つの山を作り、質問者から見て正立になる向きで、中央に置きます。それから質問者の利き手でない方の手を使って、その山を三つに分け、前と違った順になるよう、一つに戻します。その上に質問者の利き手を載せ、さらにその上に読み手の利き手を載せて、二人で一体となってシャッフルをします。暫くしたら、読み手は手を放して、全面的に質問者にシャッフルを任せます。

儀式と同じくらいに重要なのが、質問の煮詰めです。質問が漠然としていると、カードを展開しても、タロットの声を的確に聞き取ることができなくなってしまいます。また、「迷いを決意に」を重視するので、長期間にまたがる質問や遠い将来に関わる質問は、タロットのリーディングには向いていません。読み手は、タロットの質問が明確になっているかどうかに注意を払いながら、質問者と質問を共有し、煮詰めていきましょう。タロットのリーディングは、読み手のご託宣ではない、最初から最後まで、読み手と質問者の共同作業であることを銘記する必要があります。

展開の手順

基本の三枚、現状、経緯、展望の置き方

十分、シャッフルができたら、読み手は質問者にその中から利き手で一枚を選んで裏返しのままクロスの中央に置くように指示します。そのカードを表にするのは読み手です。その際、質問者から見て左から右に扉を開けるようにしてください。上下に開けようとするとカードの正逆が反対になってしまいますので気をつけてください。これが現状を表すカードです。これからのリーディングの基礎となるカードで、一枚引きと同じように問題の現在の状況をそのカードがどのように現わしているかを読みます。その後、その左に経緯のカードを置き、これまでの経緯を見ます。現状カードの右側にこれから予想される展望のカードを置きます。

正逆、視線の有無を見ながら展開する

・最初に、基本カード（①現状　②経緯　③展望）三枚を①→②→③の順に引きます。

152

これ以降は、現状のブロックから、以下の点に留意して展開を進めます。

・逆向きカードの下には対策カード、視線を持つカードの先には注目カードを引きます。
・経緯のブロックや展望のブロックで、対策カードと注目カードの両方が必要である場合には、注目カードを優先して引きます。視線が止まるまで、カードを引いていきます。
・経緯のブロックや展望のブロックで、対策カードが複数枚必要な時には、そのブロックの左側から引きます。
・対策カードが逆向きで出たら、正立に直します。
・二段目に出したカードは、対策カードでなくても正立に直します。
・展開によっては、対策カードと注目カードを兼ねる場合があります。兼用カードといいます。
・展開は十二枚まで。十三枚以上になるとわかった時点で、もう一度展開し直します。

③展望　皇帝R

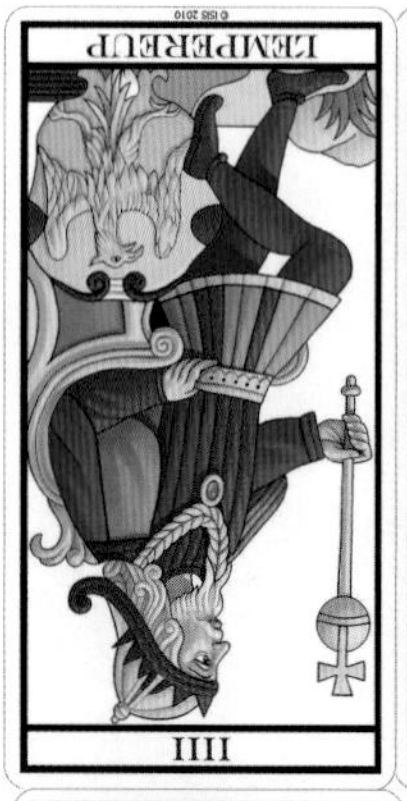

⑦注目　戦車

⑧対策　太陽

②経緯　恋人　①現状　審判 R

⑥注目　運命の輪　⑤注目　仕事師　④対策　斎宮

①最初に**現状**カードを置きます。

②次に現状の左に**経緯**カードを置きます。

③その後、現状の右に**展望**カードを引きます。この三枚は基本カードで必ず展開の最初に引かなければなりません。

④**現状**が逆向きなので、**対策**カードを引きます。

⑤**対策**カードの視線が左を見ているので、**注目**カードを引きます。

⑥も**注目**カードとなります。

⑦**展望**カードは逆向きで視線を持つので**注目**カードを引きます。

⑧**展望**カードが逆向きなので**対策**カードを引きます。

①「**仕事師**」↓**現状**のカード
②「**皇帝**」↓**経緯**のカード
③「**月**」R↓**展望**のカード
④「**宙吊り**」R↓「**皇帝**」の**注目**カード
⑤「**悪魔**」↓「**宙吊り**」Rの**対策**カード
⑥「**節制**」↓「**月**」Rの**対策**カード
⑦「**愚者**」↓「**節制**」の**注目**カード

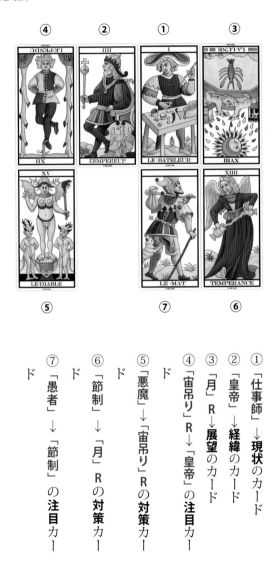

①「**神の家**」↓**現状**のカード

②「**力**」**R**↓**経緯**のカード

③「**宙吊り**」**R**↓**展望**のカード

④「**戦車**」**R**↓「**力**」**R**の**注目**カード

⑤「**愚者**」↓「**戦車**」**R**の**対策**カード

⑥「**世界**」↓「**愚者**」の**注目**カード兼「**力**」**R**の**対策**カード（兼用カード）

⑦「**女帝**」↓「**宙吊り**」**R**の**対策**カード

⑧「**太陽**」↓「**女帝**」の**注目**カード

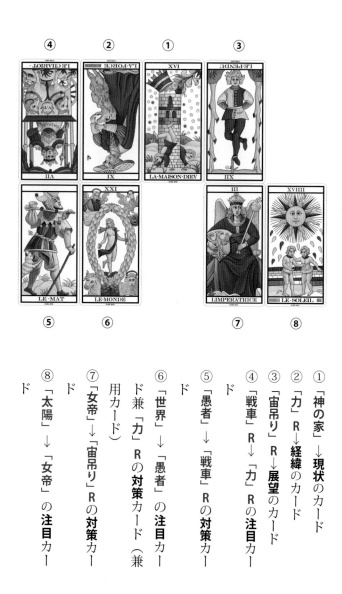

①「皇帝」R↓現状のカード
②「13」↓経緯のカード
③「節制」R↓展望のカード
④「世界」↓「皇帝」Rの対策カード
⑤「正義」↓「世界」の注目カード
⑥「月」R↓「節制」Rの注目カード
⑦「審判」↓「節制」Rの対策カード
⑧「神の家」↓「月」Rの対策カード

リーディングの仕方

課題を設定し、イシス式展開を行う

まず課題を設定します。「上司との折り合いがよくない。会社を辞めようかと思っているが、どうしたらいいか」という問いだったとします。

最初に現状、経緯、展望と三枚の基本カードを展開します。カードのリーディングはカードを出すごとにします。

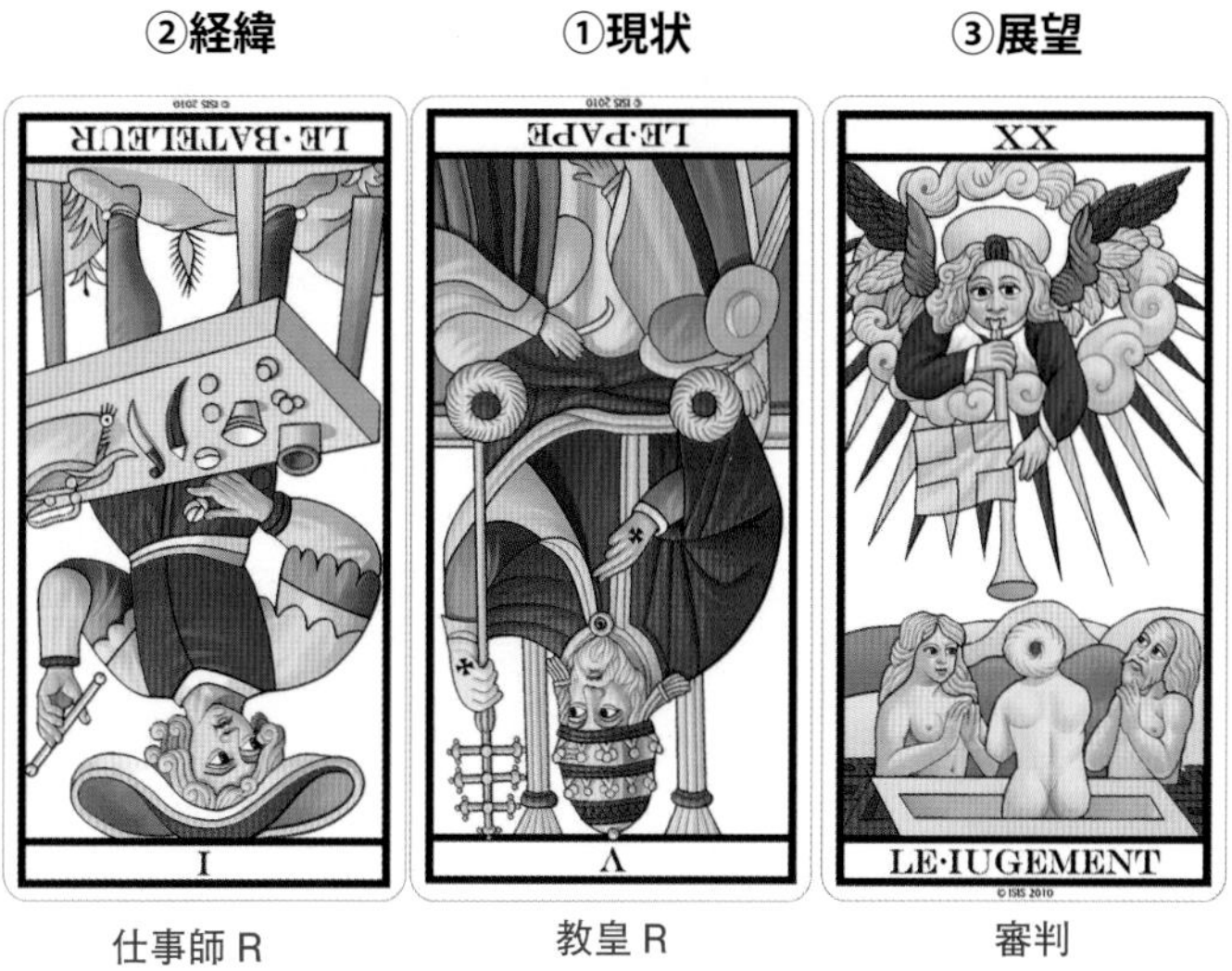
②経緯
①現状
③展望
LE·BATELEUR
I
LE·PAPE
V
XX
LE·IUGEMENT
© ISIS 2010
© ISIS 2010
© ISIS 2010
仕事師 R
教皇 R
審判

現状、経緯、展望を見る

現状には気難しい上司（**教皇**の逆）が出てきました。上司も部下たちに手を焼いているという問題を抱えています。

経緯には本人が**仕事師**の逆としてもろに登場します。上司に不満を抱き、心服できない様子が覗えます。まだ若く、仕事に未熟である点については自覚しているものの、上司から一々、不備な点を指摘され、小言を言われ続ければ自信を失ってしまいます。上司がだんだん煙たくなってきました。

展望は**審判**でした。生まれ変わって、天使の導きで昇天してゆく姿です。正立なので、これはもっと良い会社を見つけて、そこに入ることを暗示しているのかもしれません。または前の二枚の課題カードの対策カードからヒントを得て、上司との関係が劇的に改善する兆候と考えることもできます。

その正逆と視線に即して、カード間の関係を把握する

②経緯　仕事師R　**①現状**　教皇R　**③展望**　審判

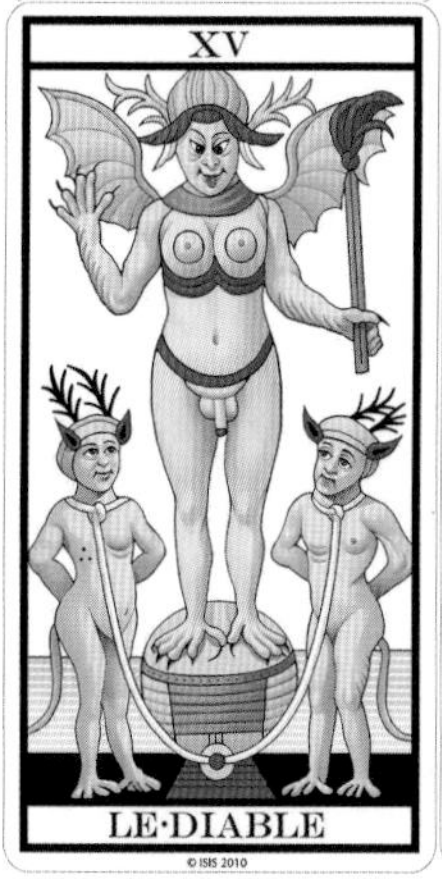

⑤注目兼対策　悪魔　**④対策**　隠者

教皇Rの対策カードは**隠者**でした。その注目カード兼、**仕事師R**の対策カードとして、**悪魔**が出ました。

課題とカードが語ることに耳を傾ける

上司はこの業界で長年にわたる経験を持ち、実績を積み上げています。伊達に年をとっているだけではありません。そのことは仕事を通して充分分かっています。本人がこの仕事で生きてゆくためには、またとない師匠といえるでしょう。**隠者**は**悪魔**を見て、明かりを掲げています。会社組織というものは上司と部下の密接なチームワークがなければ成り立ちません。カードの小悪魔は大悪魔を憧れの眼で見て、自分もそうなりたいと念願しています。上司の良いところを見て、素直に従っていたら、やがて自分も理想的な上司になる日が来るかもしれない。**展望**の復活、再生は自分の心次第だということに気づきました。

秘め技としてのアドバイスカード

タロットのリーディングを終え、クライアントは、自分の出した質問に対して、心の整理ができます。迷っていた自分から、決意し、行動する自分へ変容する準備が整うのです。そうしたクライアントの決意の後押しとして、必要に応じて「アドバイスカード」を使用します。

アドバイスカードは、二十二枚の大アルカナから、計算によって導き出します。出し方は以下の通りです。三枚の基本カード（①現状　②経緯　③展望）三枚の数を合計し、その数が22より小さければ、その数のカード、22より大きければ22を引いた数のカードが、アドバイスカードとなります。稀に、合計数から22を引いても、まだ22より大きいという場合があるかもしれません。その場合には、もう一度22を引いて出します。

アドバイスカードは、リーダーが機転を利かせて、必要に応じて導き出すものですが、実際に、割り出してみると、クライアントに大きな気づきを与えることが多いので、イシス式展開法のリーディングをする人はほとんどの人が使っています。

とはいうものの、アドバイスカードは、あくまでも秘め技で使用するものです。リーダーは、大きな声を出しながら計算したり、手帳や電卓などで計算することは控えましょう。秘め技の意義が消え失せてしまいます。

ちなみに、先ほどのリーディングのアドバイスカードは、基本カード三枚の合計26（5＋1＋20＝26）より、26－22＝4で皇帝となります。見るからに、仕事の現場で実践力を身につけた頼もしいリーダーの姿が浮かび上がります。気難しいと思っていた上司の期待と親心が感じられ、質問者も積極的に取り組んでいくことが、この問題の解決になると心が固まったようです。

8

人生の指標としての大アルカナ

パーソナルカード・ソウルカード・イヤーカード

タロットのリーディングを通して、私たちは人生を好転させる秘訣をつかむことができます。ここでは、もう一つ、この世をよりよく生きていくために大アルカナを活用する方法を、ご紹介します。大アルカナの算命的な活用法と言ってもよいでしょう。

具体的には、計算によって、大アルカナ二十二枚からパーソナルカード、仕事師から隠者の九枚からソウルカードを割り出します。パーソナルカードの、「パーソナル」の語源はペルソナ（仮面の意）です。私たちが外側にまとっている部分、外側にあらわれる特徴、性格、社会的役割などを示唆します。後天的に身に着けてきたものもあります。

一方、ソウルカードは、字義通り、魂の元型、その人の本質的部分を表します。

パーソナルカードもソウルカードも、各自の生年月日を元に、計算によって割り出しますから、生涯かわることがありません。自分のパーソナルカードやソウルカードが、大アルカナのどのカードになるのか知ることは、自分を知るうえで大きなヒントを与えてくれます。より良き人生を生きる伴走者のような存在です。

パーソナルカードの導き出し方

生年月日の数字を、どれも一桁の数字にばらばらにし、その数字を合計します。合計が22より小さければ、その合計数がそのままパーソナルカードになります。22より大きければ22を引き、それでも22より大きい数字の場合には、もう一度22を引きます。

ソウルカードの導き出し方

パーソナルカードの計算の際に出した合計数の十の位の数と一の位の数を足します。ソウルカードは1から9のいずれかになりますので、足して一桁の数（1から9.のいずれか）であれば、その数がソウルカードです。十の位と一の位の数を足して、まだ二桁の数でしたら、もう一度、その数の十の位と一の位を足します。

例1：一九九四年二月十一日生まれの人の場合
パーソナルカード　1+9+9+4+2+1+1＝27　27－22＝5　**（教皇）**
ソウルカード　1+9+9+4+2+1+1＝27　2+7＝9　**（隠者）**

以上より、パーソナルカード＝**教皇**　ソウルカード＝**隠者**

例2：一九九四年三月二十一日生まれの人の場合

パーソナルカード　1+9+9+4+3+2+1＝29　29－22＝7　**（戦車）**

ソウルカード　1+9+9+4+3+2+1+＝29　2+9＝11

1+1＝2　**（斎宮）**

以上より、パーソナルカード＝**戦車**　ソウルカード＝**斎宮**

イヤーカード

イヤーカードは、名前の通り、一年の指標とするために使います。一年ごとに変わっていきますから、その年をどう過ごすか、何をするか、何に気を付けるといいかなど、カードからヒントを得ることができます。

イヤーカードの導き出し方

ある年のイヤーカードを出すには、その年と自分の誕生月日を、ばらばらにした一桁の数字にして合計します。合計が、22より小さければ、その合計数がそのままイヤーカードになります。22より大きければ22を引きます。イヤーカードは、その年の誕生日から向こう一年間の指標です。

例1：一九九四年二月十一日生まれの人の場合
二〇二二年のイヤーカード　2+0+2+2+1+1＝10　（**運命の輪**）
二〇二三年のイヤーカード　2+0+2+3++2+1+1＝11　（**力**）
以上より、二〇二二年二月十一日から一年間のイヤーカード＝**運命の輪**
　二〇二三年二月十一日から一年間のイヤーカード＝**力**

例2：一九九四年九月二十九日生まれの人の場合
二〇二二年のイヤーカード　2+0+2+2+9+2+9＝26　26－22＝4　（**皇帝**）
二〇二三年のイヤーカード　2+0+2+3+9+2+9＝27　27－22＝5　（**教皇**）
以上より、二〇二二年九月二十九日から一年間のイヤーカード＝**皇帝**
　二〇二三年九月二十九日から一年間のイヤーカード＝**教皇**

LE·MAT
© ISIS 2010

I
LE·BATELEUR
© ISIS 2010

II
LA·PAPESSE
© ISIS 2010

III
L'IMPERATRICE
© ISIS 2010

IIII
L'EMPEREUP
© ISIS 2010

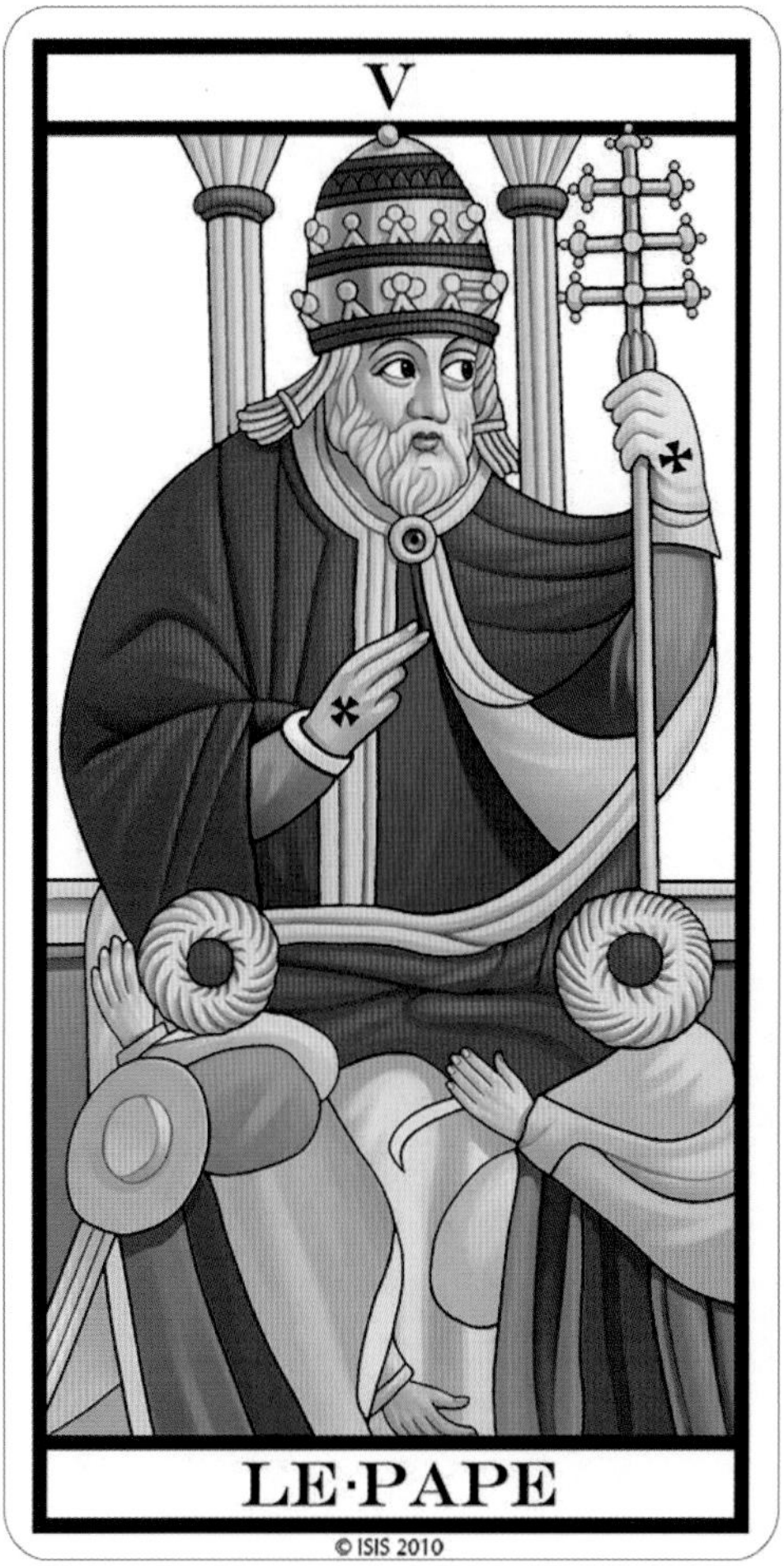
V
LE·PAPE
© ISIS 2010

VI
LAMOVREVX
© ISIS 2010

VII
V.T
LE CHARIOT ·

VIII
LA JUSTICE
© ISIS 2010

VIIII
L'HERMITE
© ISIS 2010

X
LA·ROVE·DE·FORTVNE

XI
LA·FORCE
© ISIS 2010

XII
LE·PENDU
© ISIS 2010

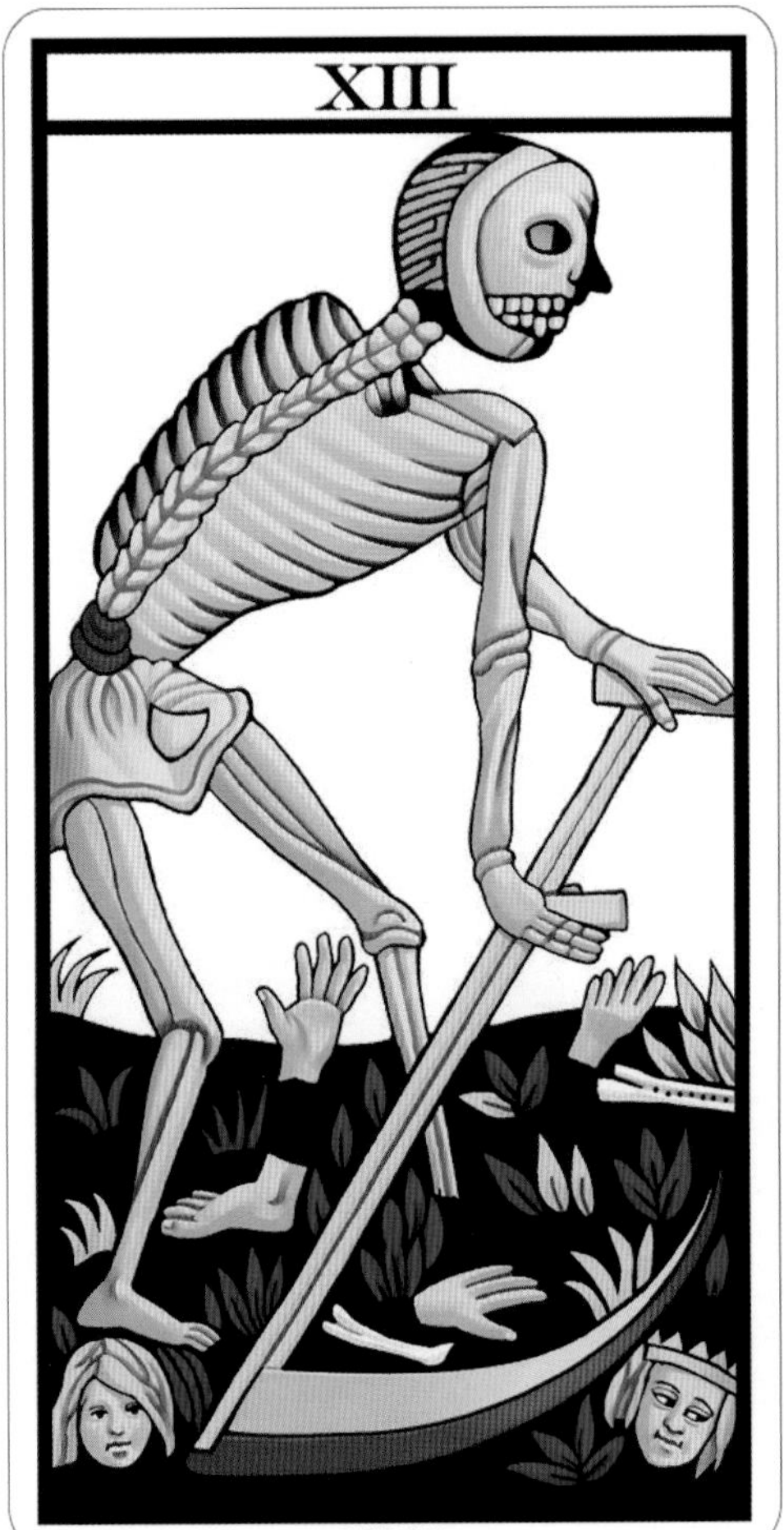
XIII
© ISIS 2010

XIIII
TEMPERANCE
© ISIS 2010

XV
LE·DIABLE
© ISIS 2010

XVI
LA·MAISON·DIEV
© ISIS 2010

XVII
LE TOILLE
© ISIS 2010

XVIII
LA·LUNE
© ISIS 2010

XVIIII
LE・SOLEIL
© ISIS 2010

XX
LE·IUGEMENT
© ISIS 2010

XXI
LE·MONDE
© ISIS 2010

あとがき

マルセイユ・タロット、それは古代から南フランスの霊的風土が受け継いできた世界遺産です。それは紙でできた博物館であり、その中には、古代エジプト、オリエント、ギリシア、ヘブライ、ケルト、インドの叡智がひっそりと収蔵されています。

本書『タロットの光』(大アルカナ篇)は、人類の遺産ともいうべき叡智の宝庫「マルセイユ・タロットの世界」への案内書です。わずかな紙面での案内ですから、脈々と受け継がれてきた伝統の一端を担うに過ぎないものです。しかしながら、この伝統の系譜に連なり、後世へのささやかな橋渡しに貢献できることは、著者にとって光栄なことです。この案内書が、道を求める人の灯となり、迷いの世界からの脱出を志す人に、解決のための秘伝の鍵としていただけることを願っています

イシス版マルセイユ・タロットは、コンヴェル版(一七六〇年、マルセイユ・タロットの事実上の標準版)の復元に、極力努めながら、現代の技術と日本の美意識を活かし、3次元表現としました。版画の2次元的表現以上に臨場感がありますから、知的理解で繋がるタロットの世界とは違う、友人のような親密さを感じることができます。マルセ

イユ・タロットの世界と誠実な信頼関係を築くなら、タロットは内蔵してきた叡智を惜しみなく授けてくれることでしょう。
最後に、本書の出版に至る過程で、多大な協力をしてくださった皆様、とりわけ、本作りに生涯を捧げてきたうぶすな書院の代表塚本庸夫氏と、塚本氏の盟友荒重夫氏に、心より感謝申し上げます。この度、出版に漕ぎ着けることができたのは、お二人の惜しみない献身のおかげと言っても過言ではありません。

大沼忠弘

二〇二二年七月

参照　4章引用図版

図版1　ヴィスコンティ　スフォルツァ版

PIERPONT MORGAN VISCONTI SFORZA TAROCCHI DECK,
Copyright©1975,1984 U.S.Games Systems,INC.
U.S. Games Systems, INC.

図版2　コンヴェル版

Tarot de Nicolas Conver　restitué par Igor Barzilai
Copyright©2009-2012 Igor Barzilai & Tarot Artisanal
Tarot Artisanal

図版3　グリモー版

GRIMAUD CARTOMANCIE, ANCIEN TAROT DE MARSEILLE
Reproduit de l'édition de1930 de Paul Marteau
Copyright©GRIMAUD 1980
FRANCE CARTESn

図版4　カモワン版

TAROT DE MARSEILLE, Alexandre JODOROWSKY & Philippe CAMOIN
Copyright©JODO.CAMOIN
CAMOIN

図版5　イシス版

TAROT DE MARSEILLE, ISIS VERSION
Copyright©ISIS2010
ISIS Ltd.

タロットの光　**イシス版マルセイユ・タロット**
（大アルカナ篇）

2022年8月8日　第1刷発行

著　者　大沼忠弘
発行者　大沼澄子
発行所　イシス株式会社
〒104-0061　東京都中央区銀座3-11-17　銀座パトリアタワー802
電話　03-3524-8829　FAX　03-3524-8879
ホームページ　http://www.isis-osiris.jp/

発売所　星雲社（共同出版社・流通責任出版社）
〒112-0005 東京都文京区水道1-3-30　TEL 03-3868-3275

印刷所　モリモト印刷

ISBN 978-4-434-30692-1
Printed in Japan